H. Hermann

Die östreichisch-preussische Allianz vom 7. Februar 1792 und die

zweite Teilung Polens

H. Hermann

**Die östreichisch-preussische Allianz vom 7. Februar 1792 und die zweite Teilung Polens**

ISBN/EAN: 9783742895325

Hergestellt in Europa, USA, Kanada, Australien, Japan

Cover: Foto ©ninafisch / pixelio.de

Manufactured and distributed by brebook publishing software
(www.brebook.com)

H. Hermann

# Die östreichisch-preussische Allianz vom 7. Februar 1792 und die zweite Teilung Polens

# Die östreichisch-preußische Allianz

vom 7. Februar 1792

und

## die zweite Theilung Polens.

Eine Streitschrift

gegen

### Professor H. von Sybel in München

von

## E. Herrmann,

Professor in Marburg.

**Gotha.**

Verlag von Friedrich Andreas Perthes.

1861.

# Vorwort.

Vorliegende Schrift behandelt zwei der wichtigsten politischen Fragen aus dem letzten Jahrzehend des achtzehnten Jahrhunderts, die engverbundenen Fragen über den Ursprung der ersten Coalition gegen das revolutionaire Frankreich und über den Ursprung der zweiten Theilung Polens. Sie ist das Resultat von Studien, die auf der Benutzung der reichhaltigsten, in Bezug auf die Geschichte der Revolutionszeit noch wenig durchforschter Archive beruhen. Ich hatte sie ursprünglich für die von Professor v. Sybel herausgegebene historische Zeitschrift bestimmt. Warum sie dort ihren Platz nicht gefunden hat, ist aus der im Text S. 5 enthaltenen Anmerkung zu ersehen. Ich, meinestheils, darf mit gutem Gewissen behaupten, daß ich die Beweise für meine Ansicht, so weit sie bereits im sechsten Bande meiner Geschichte des russischen Staats dargelegt ist, dem Leser nicht schuldig geblieben bin. Ich wiederhole sie jetzt zum Theil in den Beilagen, mit neuen Zugaben vermehrt, und glaube mich berechtigt, Sybels meinen Aus= einandersetzungen entgegenstehende Meinungen so lange für nicht hinlänglich begründete zu erklären, bis auch er seinerseits zu seinen Gunsten beweiskräftigere Thatsachen und urkundlichere Belege wird beigebracht haben, als er, bis jetzt wenigstens, es zu thun für gut oder räthlich befunden hat.

Marburg, den 18. Mai 1861.

Herrmann.

Eine große, unabhängige und selbständige Nation wird jeder Zeit den Anspruch auf die ununterbrochene Fortdauer dieser sie auszeichnenden Eigenschaften nur so lange behaupten können, als sie zugleich im Innern ihr eigenes Staatswesen wohl zu gestalten, und nicht minder ihre Machtbeziehungen nach außen mit dem gehörigen Nachdruck geltend zu machen weiß. Zeigt sie dagegen sich unfähig, ihre eigenen Angelegenheiten gesetzlich zu ordnen, hat sie ihren innern Halt verloren, so wird sie auch vor Beeinträchtigungen von außen nur so lange noch sicher sein, als zufällige, einem steten Wechsel unterworfene Combinationen der allgemeinen Politik, auf welche sie selbst einen mitbestimmenden Einfluß nicht mehr ausübt, der Aufrechthaltung ihrer Integrität günstig sind; sie wird unfehlbar dem Angriff, ja der Vernichtung sich preisgegeben sehen, sobald das wirkliche oder vermeintliche Interesse der auswärtigen Mächte ihr schonende Duldung angedeihen zu lassen, nicht mehr für angemessen hält.

In letzterem Falle befand die ohnmächtige Republik Polen im Jahre 1792 seit der ersten Theilung sich zum zweiten Mal. Ihre mehr als dreijährigen Regenerationsversuche waren vollständig mißlungen; die innere Verwirrung war größer als je zuvor; die neue Verfassung vom 3. Mai 1791 erwies sich als eine unausführbare; man war, statt feste und nachhaltige Grundlagen für Gesetz, Ordnung und Freiheit zu erlangen, nur noch tiefer in den Sumpf bodenloser Willkür versunken, in den Zustand einer das gesammte Staatswesen atomistisch auflösenden Anarchie. Es war der Augenblick gekommen, wo die Existenz der Republik auf dem Spiele stand; die Zukunft Polens war fast nur noch auf die Entschließungen der benachbarten Großmächte gestellt; es handelte sich nur noch darum, wie im Rathe dieser drei, je nach ihrer Discrepanz oder ihrer Einmüthigkeit, die Würfel fallen würden.

Von Rußland, das seit hundert Jahren systematisch auf die Zersetzung der polnischen Nationalität ausging, war von vorn herein nichts Gutes zu erwarten. Und erklärte auch nur die eine von den beiden deutschen Großmächten mit den friedseligen Tendenzen der dritten, slavischen, sich einverstanden, so war bei der damaligen Unterhöhlung des gesammten europäischen Staatensystems und insbesondere bei der totalen Hülflosigkeit und der notorischen Unzuverlässigkeit der polnischen Republik selbst die andere deutsche Großmacht um ihrer eigenen Selbsterhaltung willen fast gezwungen, demselben Polen feindlichen System sich anzu=

schließen. Mithin war die Erhaltung der Integrität und
der Selbständigkeit Polens nur noch zu ermöglichen, wenn
die beiden deutschen Mächte zu seinem Schutz sich einigten
und gegen Rußland fest zusammenhielten.

Die allgemeine, auch von den neuesten Darstellern
der Revolutionszeit noch vertretene Ansicht ist nun die,
daß es in der That die Absicht Oestreichs und Preußens
gewesen sei, die Selbständigkeit der polnischen Nation und
die Integrität ihres Gebietes auf Grundlage der Verfassung
vom 3. Mai 1791 zu erhalten, daß namentlich der Berliner
Allianztractat vom 7. Februar 1792 diese schwierige Auf=
gabe sich gestellt und daß eine gegentheilige, auf eine zweite
Theilung Polens ausgehende Politik erst nach dem Tode
Kaiser Leopolds Platz gegriffen habe. Sehen wir uns
indessen die entscheidenden Thatsachen auf ihren wahren
Inhalt und in ihrem untrennbaren Zusammenhang mit
den übrigen gleichzeitig Epoche machenden Ereignissen der
europäischen Staatengeschichte näher an, so ergiebt sich uns
ein ganz anderes Resultat. Die zweite Theilung Polens
war nicht die Folge eines späteren Abfalls von den der
Allianz vom 7. Februar zu Grunde liegenden Intentionen,
sondern sie war vielmehr die Folge davon, daß die beiden
deutschen Mächte über ein der russischen Politik Wider=
part haltendes System sich nicht hatten einigen können,
und daß auch der erwähnten Allianz von Hause aus keine
andere Absicht zu Grunde lag, als die einer gemeinsamen
Annäherung von Seiten der Contrahenten an die Principien
Rußlands.                                                        1 *

Die Begründung und Erhärtung dieser letzteren Ansicht aber glauben wir um so weniger außer Acht lassen zu dürfen, da sie in der That eine viel umfänglichere Trag= weite hat, als es bei einer nicht tiefer gehenden Betrachtung den Anschein haben möchte. Denn bei dieser polnischen Frage handelt es sich zugleich um die französische und in den französischen, wie in den polnischen Angelegenheiten handelt es sich um die hochwichtigen Fragen, die noch heute die gesammte civilisirte Welt spalten, nämlich einerseits um die Frage über das Princip der Nichtintervention und des freien Gehenlassens der nationalen Entwickelungsprocesse und andererseits um die Frage über das Princip der intervenirenden Reaction und Contrerevolution; es handelt sich mit einem Wort in der Geschichte des Tractats vom 7. Februar 1792 um den Ursprung der europäischen Coalition gegen das Princip der französischen Revolution. Denn die Schlichtung der polnischen Wirren war weder das einzige, noch das vornehmste Ziel, welches dieser Tractat sich steckte, sondern die Haupttendenz desselben war vielmehr darauf gerichtet, vermittelst einer Verständigung Oestreichs und Preußens mit Rußland über die gegenseitigen Interessen dieser drei hinsichtlich Polens eine breitere und sichrere Reactionsbasis gegen das revolutionaire Frankreich zu gewinnen.

Versuchen wir es demnach, über die verschiedenartigen Beziehungen des Tractats vom 7. Februar 1792 uns genauer zu unterrichten, so sehen wir uns veranlaßt, sofort zum Ausgang unserer Erörterungen auf den Wendepunct der europäischen Politik zurückzugehen, welcher bereits ein halbes Jahr zuvor durch die von dem preußischen Oberst Bischoffswerder und dem östreichischen Staatskanzler Fürsten Kaunitz am 25. Juli 1791 zu Wien unterzeichnete Convention eintrat. Denn der Berliner Tractat enthält im Wesentlichen nichts als die Bestätigung und den förmlichen Abschluß der schon in Wien entworfenen Präliminarien. Wie bereits diese ein mit Rußland gemeinschaftliches Eingreifen der beiden deutschen Großmächte in die französischen sowohl, wie in die polnischen Angelegenheiten in Aussicht nahmen, so ist, wie erwähnt, eben dies auch die Hauptaufgabe, welche ins Werk zu setzen der Tractat vom 7. Februar 1792 sich vornimmt. Die speciellere Kenntniß aber der Umstände, unter welchen die Convention vom 25. Juli vollzogen wurde, ist es vorzüglich, was uns in den Stand setzt, über die eigentliche Tendenz des Tractats vom 7. Februar mit unzweifelhafter Gewißheit uns auszulassen [1].

---

[1] Diese Kenntniß habe ich aus den Originaldepeschen Lord Elgins und Ewarts, des damaligen englischen Gesandten am preußischen Hof, geschöpft. Ersterer berichtet, was er unmittelbar aus dem Munde Kaiser Leopolds und des preußischen Obersten Bischoffswerder vernommen, letzterer, was ihm der mit ihm in den intimsten Beziehungen stehende preußische Minister des Auswärtigen, Graf Schulenburg-Kehnert, mittheilte; vgl. den letzten Abschnitt des sechsten Bandes meiner russischen Geschichte, besonders S. 400 und 401, 418—423, 425—440. Diese Berichte sind jedenfalls dem Verfasser der Geschichte der Revolutionszeit total unbekannt gewesen. Ich war daher im

Aus dieser Erkenntniß heraus gelangen wir zu der Ueberzeugung, daß die große Bedeutung der Convention

höchsten Grade erstaunt, als derselbe in seinem Brief vom 24. März, mit welchem zugleich er mir meine Abhandlung zurückschickte, schrieb: »Unsere Differenz hat ihren Grund nicht darin, daß Sie aus irgend welchen Depeschen concrete Thatsachen mittheilten, die bis dahin unbekannt gewesen« ꝛc. »Unsere Differenz beruht darin, daß Sie aus denselben einzelnen Facten einen anderen Thatbestand-construiren, als ich.« »Da kann nun«, fügt Sybel hinzu, »keine Rede von relativer Berechtigung sein, nothwendig ist einer von uns gründlich im Irrthum, einer von uns macht aus denselben factischen Details falsche Schlüsse, falsche Combinationen« ꝛc. Sybel beruft sich zwar in seiner Geschichte der Revolutionszeit Band II, Vorwort S. 5 und in seinem akademischen Vortrag vom 15. Dec. 1860 »über die Regierung Kaiser Leopold II.« S. 666 auf Auszüge von Depeschen des Londoner State Paper Office, die auch ihm zu Gebote gestanden, diese bestehen indessen nach seinem eigenen Bekenntniß nur aus »einigen Excerpten, die er der Ausbeute eines Freundes verdankt«. Trotzdem hat er in seinem eben erwähnten, unterm 24. März mir angekündigten akademischen Vortrag, den ich am 28. April erhielt, den künstlichen Versuch angestellt, erweisen zu wollen, daß meine seinen Ansichten entgegengesetzte Darlegung, soweit sie bereits im 6. Band meiner russischen Geschichte enthalten ist, nicht auf Materialien beruhe, die von den seinigen wesentlich verschiedenen Inhalts wären. In wiefern ihm das geglückt ist, wird sich aus meiner im Anhang angefügten Widerlegung ergeben. Für jetzt genüge die Bemerkung, daß Sybel den hier zunächst in Rede stehenden Hauptpunct, nämlich, wie es sich mit dem verhält, was ich über die Geschichte und den ganzen Zu=sammenhang der die Convention vom 25. Juli herbeiführenden Verhandlungen beigebracht habe, gänzlich mit Stillschweigen übergeht. Uebrigens finde ich Sybels Versuch, meine actenmäßige, wie aus den Berichten des Londoner so nicht minder aus den Berichten des Dresdener Hauptstaatsarchivs hervorgegangene Differenz von seiner Ansicht als eine nicht actenmäßige erscheinen lassen zu wollen, um vom 25. Juli vornehmlich darin liegt, daß dieselbe dem durch den italienisirten Kaiser Leopold und durch die russificirte Kaiserin Katharina vertretenen Reactionsprincip gegen die französisch-polnischen Nationalitätsbestrebungen ein entschiedenes Uebergewicht gab über das bis dahin von der anderen deutschen Großmacht und von England vertretene Princip der Nichtintervention oder der Aner= kennung solcher nationalen Selbstbestimmungen, die in nicht offensiver Weise ihre Action auf die innere Politik beschränken.

Freilich war dieses zu Ende der achtziger Jahre von England, Preußen und der Republik der vereinigten Nieder= lande in Schutz genommene Nichtinterventions = oder Nationalitätsprincip noch keineswegs in einer reinen, klar ausgesprochenen Form vorhanden; es war vielmehr nur erst in seinem ersten Aufkeimen aus dem materialistischen, mechanisch abwiegenden, bis zum Ausbruch der französischen Revolution das ganze achtzehnte Jahrhundert beherrschenden Gleichgewichtssysteme begriffen; aber so embryonisch es auch

so kühner, da er selbst noch vor kurzem seine eigene Ansicht keines= weges für eine ganz sicher stehende ausgab. In einem Brief nämlich vom 25. Sept. v. J., worin er mich dringend um einen Essai, wo möglich noch für das nächste Heft seiner historischen Zeitschrift ersuchte, drückte er schließlich den Wunsch aus, daß ich ihm doch vorläufig über die Grundlage meiner verschiedenen Ansicht nähere Kenntniß geben möchte. Dabei äußerte er: »Leopolds Politik 1791 und 1792 ist so gewunden, und bei großer Zähigkeit im Ganzen, im Einzelnen so wechselnd, daß fast jede neue Depesche, die mir vorkam, mir selbst das Gesammtbild änderte und das Schlußurtheil modificirte.«

noch gestaltet war, so bestimmt thaten sich doch schon seine instinctiven Tendenzen kund. Der Weltgeist schien gleichsam sich selbst die Frage aufzuwerfen, ob nicht vielleicht doch noch der dem europäischen Völkerleben nothwendige Reinigungs= und Läuterungsproceß durch normale Mittel auf friedlichem Wege sich vollziehen lasse, ohne die lebende Generation einem in seinem Ausgang und in seinen Endresultaten zweifelhaften Vernichtungskampf preiszugeben, der unver= meidlich war, wenn die politischen Extreme nicht durch ein vermittelndes System auseinandergehalten wurden. — Um aber zu zeigen, wie solche vermittelnde Versuche mißlangen, und wie die Natur der Dinge die politische Gestaltung unseres Welttheils unerbittlich von der Feuer= probe eines schonungslosen Kampfes zwischen den polaren Gegensätzen der Revolution und der Reaction abhängig machte, um uns diesen gewaltigen Umschlag, den die europäische Politik im Jahre 1791 erfuhr, recht zu ver= gegenwärtigen, mag es uns gestattet sein, in einer all= gemeinen Umschau über die die Geschicke dieser Jahre erfüllenden Bewegungen noch um einen Schritt weiter zurückzugehen.

Die nüchterne, ideenlose, nur äußere Machtinteressen verfolgende, egoistische, rein dynastische Gleichgewichtspolitik hatte, so wenig sie auch an sich die Rechte des Volks und der Völker zu achten gewohnt war, doch wenigstens nicht unterlassen, diese da mit in Anschlag zu bringen, wo die allein maßgebenden dynastischen Zielpuncte nicht wohl

ohne diese Bundesgenossenschaft erreicht werden zu können
schienen. So war schon das absolutistische Frankreich für
die Erhebung Nordamerikas aufgetreten. Und noch mehr
sah die an Umfang, wie an Volkszahl hinter den übrigen
weit zurückstehende Großmacht Preußen zu solcher Aus-
hülfe seine Zuflucht zu nehmen sich bemüßigt. Der deutsche
Fürstenbund verdankte größtentheils solchen scheinbar liberalen Tendenzen seinen Ursprung. Friedrich II. suchte in ihm
ein Gegengewicht nicht nur gegen die Ansprüche Oestreichs,
sondern nicht minder gegen die erdrückende Uebermacht
Rußlands, die durch die erste Theilung Polens sich nicht
verringert hatte, die durch die intimen Beziehungen
Katharinas zu Joseph II. ihm jetzt doppelt gefährlich
war. — Friedrich Wilhelm II. ging, als der russisch-
östreichische Kaiserbund durch den Türkenkrieg vom Jahre
1787 das europäische Gleichgewicht in der That zu
erschüttern drohte, in Scheinconcessionen an die Autonomie
der durch die Kaiserhöfe gefährdeten Staaten und beein-
trächtigten Volksstämme noch viel weiter. Die Furcht
vor dem im Süden, wie im Osten um sich greifenden
Imperialismus brachte im Verlauf des türkischen Krieges
Preußen dazu, dem sich zusammennehmenden National-
gefühl sowohl im Königreich Polen, wie in Galizien und
Ungarn das Wort zu reden und selbst der bis zum völligen
Abfall vorgeschrittenen ständischen Opposition in Belgien
gegen den Kaiser, wie in Lüttich gegen den Fürstbischof
sich willfährig zu zeigen.

Auch die Mitglieder des deutschen Fürstenbundes ließ Friedrich Wilhelm bei dem von ihm beabsichtigten anti-östreichisch-russischen Gegenbund nicht außer Acht. Denn so unzureichend auch noch einerseits die eigenen Staats-einrichtungen Preußens für die Entwickelung eines freien Staatslebens waren, so wenig andererseits auch noch die Zerrissenheit und die morschen Verfassungszustände der übrigen außeröstreichischen Reichsgebiete ein solches auf-kommen ließen, so sehr waltete doch, trotz aller Sonder-interessen der deutschen Einzelstaaten in ihrer Mehrzahl ein sehr bestimmtes Gefühl eines homogenen, auf Grund der Reformation ihnen eingepflanzten Bildungstriebes vor, der, wenngleich er noch nicht zu einem organischen Incin-anderwachsen führte, sie doch wenigstens darauf bedacht sein ließ, zunächst gegen die östreichischen Herrschgelüste sich möglichst zu verwahren. Nichtsdestoweniger konnte unter den gegebenen Verhältnissen Preußen an dem Reich für seine antiimperialistische Politik eine doch immer nur schwach ins Gewicht fallende materielle Stütze gewinnen und es mußte daher noch nach anderen, auswärtigen Bundes-genossen sich umsehen.

England und Holland hielten, hauptsächlich aus mer-cantilen Interessen, eine wesentliche Veränderung der bestehenden territorialen Abgrenzungen für unzulässig und diese Disposition der beiden Seemächte brachte im Herbst 1788 eine Erweiterung des bereits im Frühling desselben Jahres zwischen ihnen und Preußen abgeschlossenen Bündnisses zu Wege, durch welche man vorzüglich die Integrität der am meisten den imperialistischen Tendenzen bloßgestellten Staaten, der Türkei, Polens und Schwedens zu schützen bezweckte. Insbesondere zur Kräftigung Polens ließen die Urheber dieser Tripleallianz auch an positiven Maßregeln es nicht fehlen. Sie erhoben sich zu der fruchtbaren Idee, den Unabhängigkeitsbestrebungen und einer nachhaltigen Selbständigkeit dieser Republik die beste materielle Unterlage zu geben durch das Anerbieten eines auf der Grundlage des Freihandels beruhenden Handelstractats.

So war man also ein Jahr vor dem Ausbruch der französischen Revolution im Begriff, dem europäischen Staatensystem eine Verfassung zu geben, durch welche zwar keinesweges irgend einer politischen Theorie oder Doctrin ein entschiedener Vorzug, ein maßgebendes Ansehn gegeben werden sollte, durch welche man aber vor Allem den praktischen und ohne unübersteigliche Schwierigkeiten ausführbaren Grundsatz geltend zu machen und aufrecht zu halten beabsichtigte: die Unabhängigkeit der kleineren und schwächeren Staatencomplexe Europas gegen die absolutistisch-nivellirende und reactionair-revolutionirende Uebermacht der beiden großen Kaiserhöfe sicher zu stellen. Man wäre auf diesem Wege zu einem Friedenssystem gelangt, wie es noch jetzt Vielen als das non plus ultra politischer Weisheit gilt, zu einem System, welches den inneren treibenden Kräften in den einzelnen Staatenindividuen, mochten sie groß oder klein, mochten sie monarchisch oder

republicanisch conſtituirt ſein, keinerlei äußeren Zwang
anthat, zu einem Syſtem, welches ebenſoweit ablag von
einer Univerſalherrſchaft der damals durch die beiden
Kaiſerhöfe repräſentirten abſoluten Regierungsmaximen
Ludwigs XIV., wie von einer Univerſalherrſchaft der eben
zum Ausbruch kommenden Revolutionsmaximen des neuen
Frankreichs.

Allein ein ſolches Friedensſyſtem wird nur dann gedeih=
lich wirken können und nur dann in ſeinem Geſammt=
verband, wie in ſeinen einzelnen Gliedern von einer auf
die Dauer immer unerträglicher werdenden Stockung des
geſunden Blutumlaufs frei bleiben, wenn und ſo lange
die in demſelben einbegriffenen Staaten alle zuſammen
und jeder für ſich in ihrem Innern ſo beſchaffen ſind,
daß die ihnen angehörigen Staatsbürger ohne Unterſchied
bereits zu dem poſitiven Recht gelangt ſind, auf welches
ihre Entwickelungsfähigkeit ihnen ein natürliches Recht
giebt, und wenn ſie zugleich von dieſem poſitiven Recht
nur den angemeſſenen, die Rechte Dritter nicht verletzenden
Gebrauch machen. Doch von dieſer Stufe der Voll=
kommenheit war die europäiſche Menſchheit zu keiner Zeit
weiter entfernt, als beim Ausbruch der franzöſiſchen
Revolution. Selbſt England, welches das Erforderniß
einer energiſchen Staats=Einheit und Macht am beſten
mit dem urſprünglich germaniſchen Begriff autonomer
Selbſtbeſtimmung und individueller Freiheit zu verbinden
gewußt hatte, krankte an tiefen inneren Schäden, von denen

es vielleicht kaum anders geheilt werden konnte, als ver=
mittelst der durch einen schweren äußeren Kampf ihm
ins innerste Mark dringenden Aufrüttelung seiner gesammten
nationalen Kräfte. Alle anderen Staaten dieses anti=
kaiserlichen Defensivsystems hatten noch durchaus gar kein
festes, bestimmt articulirbares, einigendes Princip, welches
ihrem System einen dauernden Halt hätte geben können. —
In Polen war die Verfassung vom 3. Mai 1791 der
großen Mehrheit der Nation gegenüber nur das Machwerk
einer revolutionairen Faction und ihre gesetzliche Aner=
kennung und praktische Durchführung mußte daher noch
als im höchsten Grade problematisch angesehen werden.
In Preußen aber schrumpften die Hoffnungen, die man
auf die polnische Regenerationskraft gesetzt hatte, bereits
sehr zusammen, als die Republik, bald nach dem reichen=
bacher Congreß, aus hartnäckiger Kurzsichtigkeit den
materiellen und mercantilen Bedingungen ihres Anschlusses
an das englisch=preußische System sich noch abgeneigter
zeigte, als schon vorher. — In Schweden saß ein König
auf dem Thron, dessen autokratische Gelüste ihn kein
Bedenken tragen ließen, unmittelbar nach dem Frieden von
Werelä in die intimsten Beziehungen zu der Beherrscherin
des Nordens zu treten, gegen deren Herrschsucht er eben
noch ganz Europa hatte unter die Waffen rufen wollen.
Und namentlich in England hielt man daher Schweden
für einen durchaus unbrauchbaren Bundesgenossen, so lange
Gustav III. statt in der Harmonie mit den Ständen sein

und seines Reiches Heil zu suchen, durch Zertrümmerung
der ständischen Rechte nur sich zu erheben bestrebt war. —
In Preußen, in Sachsen, im übrigen Deutschland fühlte
man sich zwar unwillkürlich dazu angetrieben, dem doppelten
Imperialismus Oestreichs und Rußlands gewisse Schranken
entgegenzusetzen, aber so sehr auch hier überall die Bildungs=
zustände des Volks im Großen und Ganzen in einem
augenfälligen Gegensatz zu dem östreichischen und dem
russischen Staatswesen standen, so wenig war doch noch
die damalige Zeitlage dazu angethan, dieser Opposition
gegen die Kaiserhöfe einen auf den Unterschied der deutsch=
nationalen Bedürfnisse sich gründenden verfassungsmäßigen
Ausdruck zu geben. Die sittliche, wissenschaftliche und
ästhetische Bildung war in den deutschen Volksstämmen
noch nicht bis zur politischen durchgedrungen; die deutschen
Regierungen aber waren durchweg in ihren fast ausschließlich
dynastischen Interessen nicht übel geneigt, selbst das nackte
Gleichgewichtssystem nur so lange zu ihren Gunsten
anzurufen, als die Verletzung desselben nicht auch ihnen
irgend einen kleinen Vortheil zu gewähren schien. Und so
sollte es sich denn sehr bald zeigen, daß, wenn gleich in
einzelnen helleren Köpfen, die Idee eines ebenso dem
Absolutismus wie der Revolution Widerpart haltenden
mitteleuropäischen, liberalen Föderationssystems sehr fest
Wurzel geschlagen hatte, doch die einzelnen einem solchen
System sich zuneigenden Staatenindividuen, um dasselbe
wirklich ins Leben treten zu lassen, noch nicht reif, noch
nicht politisch durchgebildet genug waren.

Der Hauptübelstand lag darin, daß in Preußen, welches auf dem Continent die stützende Macht dieses Föderativ=systems hätte werden müssen, kein Fürst auf dem Thron saß, der befähigt gewesen wäre, den vorerst doch immer nur äußerlich sich aneinanderreihenden Gliedern dieses Föderativsystems den lebendig machenden Geist ein=zuhauchen und durch fortreißende Thaten seine Politik vor jeder weiteren Anfechtung sicher zu stellen. Dazu hätte es eben wieder eines verjüngten Friedrichs II. bedurft. Friedrich Wilhelm II. aber war etwas Neues zu schaffen schlechterdings unvermögend, und zum Handeln hatte er den ihm günstigsten Zeitpunct versäumt, als er in Reichen=bach, von seinen eigenen Alliirten, England und Holland gedrängt, welchen ihrerseits es zunächst nur um einfache Herstellung des europäischen status quo zu thun war, davon abstand, sein damals unzweifelhaftes Uebergewicht über die durch Josephs II. Politik innerlich zerrüttete östreichische Monarchie mit Nachdruck geltend zu machen.

Ganz anders dagegen verstand es Leopold II. seinen Vortheil wahrzunehmen und diese Connivenz der Seemächte sofort zu seinen Gunsten auszubeuten. Unbedenklich versprach er den Türken alles während des Krieges occupirte Land zurückzugeben und zugleich bei der Kaiserin von Rußland darauf hinzuwirken, daß auch sie unter Verzichtleistung auf jede nennenswerthe Machterweiterung Frieden schließe. Kaum aber sah er durch dieses für ihn äußerst glimpfliche Abkommen von der Furcht vor dem preußischen Angriff sich befreit, so zögerte er geflissentlich, so viel er konnte, mit der Erfüllung der eben erst gemachten Zusagen. Rasch stellte er in den eigenen Erbländern sein tief erschüttertes Ansehen wieder her. In Frankfurt empfing er die Kaiser= krone und bald darauf in Ofen die Königskrone der Magyaren. Nichts aber lag ihm ferner, als ein aufrichtiger Anschluß an die andere deutsche Großmacht, um mit ihr gemeinsam eine wahrhaft deutsche Politik anzubahnen. Schon die alte Eifersucht und der nicht erloschene Groll gegen diesen jüngeren Nebenbuhler ließ, trotz aller schönen Redensarten, mit denen er zu Zeiten sehr verschwenderisch sein konnte, einen derartigen Gedanken nicht in ihm auf= kommen. Ueberhaupt hatte Leopold, wiewohl deutscher Kaiser, doch keine deutschen, sondern nur östreichische gesammtstaatliche Interessen und seiner ganzen politischen Anschauung nach fühlte er sich viel zu sehr an das russische Bündniß josephinischen Vermächtnisses gefesselt, als daß es ihm je allen Ernstes hätte in den Sinn kommen können, mit Preußen der Bildung eines entschieden antirussischen Systems Beifall zu schenken. Ihm war es vielmehr nur darum zu thun, Preußen zum Trotz, mit Rußlands Beistand und durch das russische Bündniß Oestreich in Deutschland wieder zur tonangebenden Macht zu erheben, und in sofern gönnte er Rußland einen seinen vermeint= lichen Interessen mit zu Gute kommenden Triumph über die preußisch=englische Politik von Herzen. Und als nun in der That im Frühjahr 1791 wieder Englands eng=

herzige Kriegsfurcht Preußen dazu nöthigte, jetzt gegen
Rußland sich noch nachgiebiger zu zeigen, als im ver=
gangenen Jahr gegen Oestreich, als Preußen um nicht
allein einen unersprießlichen Kampf mit der slavischen
Großmacht auf sich nehmen zu müssen, ebenso wie England
sich dazu verstand, derselben in Bezug auf den türkischen
Frieden zu ihrem Vortheil nicht unbedeutende Abweichungen
von der Herstellung des status quo einzuräumen, da
faßte Leopold sofort den Gedanken, das preußisch=englische
Bündniß zu sprengen, um statt des von diesen Mächten
intendirten Systems den Grundsätzen der östreichisch=
russischen Politik eine möglichst umfassende Herrschaft zu
verschaffen. Denn er wußte wohl, daß, wenn es ihm
gelänge, Preußen wirklich von England zu trennen und
es zu isoliren, ersterem kaum eine andere Wahl bliebe,
als die eines totalen Umschlags, eines unbedingten Anschlusses
an die Politik der Kaiserhöfe und um dieses Ziel zu
erreichen, warf er nicht umsonst das feingesponnene Netz
seiner wohlberechneten Intriguen aus.

Die nächste Handhabe, seinen Plan in Ausführung zu
bringen, gaben dem Kaiser Leopold die Auseinandersetzungen,
welche im Sommer 1791 in Bezug auf die definitive
Regulirung der türkischen Frage zwischen Preußen und
seinen Alliirten mit jedem der beiden Kaiserhöfe stattfanden.
Eben bei diesen Verhandlungen mußte es sich entscheiden,
ob das preußisch=englische Föderativsystem Bestand und
Festigkeit gewinnen würde oder nicht. Und wohl durften

damals noch die Urheber dieses Systems sich der Hoffnung
hingeben, daß es ihnen gelingen würde, demselben eine
überwiegende Geltung zu verschaffen. Denn einen sichern
Weg wenigstens gab es, auf welchem sie das Ziel, welches
sie ihrerseits sich vorgesteckt hatten, kaum verfehlen konnten.
Es kam nur auf den Versuch an, Oestreich selbst für
dieses Föderativsystem zu gewinnen. Lag es doch offenbar
im eigenen, wohlverstandenen Interesse Oestreichs, zunächst
für die Beendigung des Türkenkriegs eine solche Friedens=
basis zu ermitteln, daß man in ihr gegen eine neue
Störung des europäischen Gleichgewichts von Seiten Ruß=
lands eine dauernde Garantie fände. Nicht nur die Zu=
sammensetzung der östreichischen Monarchie aus so hetero=
genen Theilen brachte es mit sich, daß sie nicht, ohne sich
zu schwächen, wie Rußland einem unersättlichen Eroberungs=
trieb folgen durfte; auch die so oft von ihrem damaligen
Beherrscher kund gegebenen Versicherungen der Friedens=
liebe rechtfertigten die Voraussetzung, daß Niemand mehr
als er selbst von der Nothwendigkeit und der Heilsamkeit
der Herstellung eines solchen die allgemeine Ruhe in
Europa sichernden Friedenssystems überzeugt sei. Und
war diese Ueberzeugung wirklich in dem Kaiser Leopold
der vornehmste Grundsatz seiner Handlungsweise, so schien
mit der Lösung der türkischen Frage zugleich auch die der
polnischen gegeben zu sein. Wollte man den Versuch machen,
durch eine Garantie der Unverletzbarkeit der Türkei diese
in sich absterbende, unschädliche Macht aufhören zu lassen,

für die europäischen Mächte ein Object der Eifersucht und
fortwährenden Haders zu sein, so ließen sich von der
gleichen Schonung, wenn man sie der Republik Polen
angedeihen ließ, ohne Zweifel noch viel günstigere Ergebnisse
erwarten. Denn obgleich der nur zu tief eingewurzelte
Zustand einer wahrhaften Verfassungslosigkeit die polnische
Nation innerlich bereits bis zur Auflösung zerrüttet hatte,
so fehlte es ihr doch nicht völlig an besseren Elementen,
die der Hoffnung Raum ließen, ihr doch noch zur Wieder=
erlangung einer haltbaren Selbständigkeit verhelfen zu
können. Waren auch die Regenerationsversuche, welche die
Polen selbst in den letzten Jahren mit sich angestellt hatten,
ihrem reellen Erfolg nach nur sehr gering anzuschlagen,
so war doch wenigstens das in der herrschenden Partei
vorwaltende Bestreben, von allen russificirenden Einflüssen
sich frei zu machen, ein nicht unbedeutender Gewinn
als erste Grundlage zu einer festeren Constituirung des
inneren Staatswesens. Es handelte sich darum, ob man
einer um das Leben ringenden Nation den Todesstoß
versetzen sollte, um in die Beute eines Leichnams sich zu
theilen, oder ob man der todtkranken einen letzten Beistand
nicht versagen wollte, um sie ins Leben zurückzurufen und
dann in Gemeinschaft mit der wiedergenesenden erweiterte
Bahnen einer höheren und freieren Lebensrichtung einzu=
schlagen.

Es ließ sich jedenfalls annehmen, daß wenn nur
Oestreich und Preußen einmüthig zusammenhielten, eine

2 *

von diesen beiden nebst England zu übernehmende Garantie
der polnischen Intregrität, auch wenn das zu erzielende
Regenerationswerk nur sehr langsame Fortschritte machte,
ihnen selbst keineswegs gefährlich werden konnte. Der Ver=
such, eine mit dem Untergang bedrohte Nation, der Versuch,
Polen zu retten, war unstreitig der größte und würdigste
Gegenstand, an welchem eine liberal=conservative Politik die
Tragweite ihrer Kraft hätte messen können. Um aber
eine solche liberal=conservative Politik auf dem europäischen
Continent möglich und geltend zu machen, dazu gehörte
zweierlei. Nicht nur der Beherrscher Preußens, sondern
auch der Oestreichs mußte deutsch fühlen und deutsch
handeln. Friedrich Wilhelms II. liberale Tendenzen aber
gingen keinesweges aus seiner wahren Gesinnung hervor;
sie waren ihm von seinem sich selber in vielen Puncten
nicht klaren Ministerium Hertzberg so zu sagen nur unter=
geschoben; sie fanden in ihm einen Fürsprecher nur so
lange, als er an ihnen ein zweckmäßiges Mittel zur
Förderung seiner materiellen Machtinteressen zu haben
glaubte. Auf seine Festigkeit also war nicht zu bauen,
und auf einen so beschaffenen Charakter wird es nie
schwer sein, so einzuwirken, daß er, ehe man sich's ver=
sieht, scheinbar umschlägt. Braucht man ihm doch nur
andere Reizmittel vorzuhalten, die ihn auf kürzerem und
sichererem Wege in den Besitz dessen zu setzen versprechen,
was zu erlangen sein eigentliches Bestreben war. Kaiser
Leopold dagegen war ein Monarch, dessen Handlungs=

weife allerdings durch und durch von principiellen Grund=
fätzen ausging, nur verfchmähte er es von vorn herein,
mit liberalen Grundfätzen auch nur zu liebäugeln, und
wenn gleich er in feinem aufgeklärten Despotismus den
hergebrachten ftändifchen Rechten eine gewiffe Anerkennung
nicht verfagte, fo war er doch wohl auf feiner Hut,
diefelben nicht zu einem wirklich lebendigen Organismus
fich geftalten zu laffen; vielmehr fuchte er folche Inftitu=
tionen mit felbftbewußter Abfichtlichkeit nur zu polizei=
artigen Regulativen und mechanifchen Werkzeugen feines
autokratifchen Willens umzuprägen. Wer alfo bereits
von diefer Seite den klugen und in der Verftellungskunft
fehr geübten Kaifer durchfchaut hatte, der durfte gewiß
von ihm am wenigften den aufrichtigen Anfchluß an eine
liberale Politik erwarten.

Dennoch gewährte das von England und Preußen vor=
bereitete Föderativfyftem der innern, individuellen Geftaltung
der einzelnen in daffelbe aufzunehmenden Staaten immer
noch einen fo weiten und freien Spielraum, daß auch
für Oeftreich die allgemeinen Vortheile, die eben nur fein
Beitritt diefem Syftem fichern konnte, nicht gering anzu=
fchlagen waren. Und aus diefem Grund unterließen die
Cabinete von St. James und Berlin es nicht, dem
Kaifer Leopold feine Acceffion zu ihrem Syftem als die
Grundbedingung zu einer geficherten Zukunft Europas aufs
nachdrücklichfte zu empfehlen und nahe zu legen. — Die
Vorfchläge, welche fie ihm in diefer Beziehung zu machen

beabsichtigten, konnten ihm übrigens keineswegs überraschend kommen; hatte er doch selbst wiederholt den dringenden Wunsch einer engeren Vereinigung mit diesen beiden Mächten und namentlich mit Preußen zu erkennen gegeben; hatte doch Friedrich Wilhelm ihm bereits das Opfer gebracht, den Minister, dessen Haß gegen Oestreich zu tief ging, um unter seiner Leitung eine erfolgreiche Aussöhnung mit dem alten Gegner als wahrscheinlich oder auch nur möglich erscheinen zu lassen, außer Wirksamkeit zu setzen. Nur war leider der Kaiser keineswegs gemeint, diese fügsame Zuvorkommenheit des Königs von Preußen mit einer gleichen Nachgiebigkeit seinerseits zu vergelten. In der Beseitigung der starren Persönlichkeit Hertzbergs sah er nur die willkommene und ersehnte Gelegenheit, den schon in sich schwankenden König unsicher und dem bisher durch ihn vertretenen System vollends abwendig zu machen, um ihn sodann mit leichter Mühe zu seinem System hinüber= zuziehen. Und daß dieser wohlangelegte Plan ihm wirklich gelang, dazu kam denn freilich dem Kaiser nichts mehr zu statten, als der Umstand, daß der Bevollmächtigte Preußens, welcher im Verein mit dem englischen Gesandten, Lord Elgin, mit ihm über die Accession zum Föderativ= system unterhandeln sollte, kein anderer war, als der berüchtigte Günstling des Königs, der Oberst Bischoffs= werder.

Am 11. Juni 1791 machte in Mailand Bischoffs= werder dem Kaiser in seiner ersten ihm von demselben

ertheilten Audienz folgende Vorschläge und Eröffnungen,
die dazu dienen sollten, „die Wohlfahrt und Ruhe der
beiderseitigen Reiche, ja ganz Europas, auf die Dauer
sicher zu stellen." Erstens: der Kaiser möge, — nachdem
er die Versicherung eines schleunigen Abschlusses des türkischen Friedens nach Maßgabe der bereits früher festge-
stellten Bedingungen würde wiederholt haben, — im
Verein mit Preußen (und England) sich bemühen, dem
Kurfürsten von Sachsen alle weiteren Bedenklichkeiten in
Bezug auf die Annahme der polnischen Krone zu benehmen, und durch diese zu seiner Durchführung unerläß-
liche Unterstützung des polnischen Verfassungswerkes die
Republik gegen den von Rußland zu erwartenden Einspruch
sicher stellen. — Zweitens: da die Garantie der Territorien
und der Unabhängigkeit Polens, den Absichten und den
Interessen des Königs entsprechend, dem Kaiser sehr am
Herzen zu liegen scheine, so zögert ersterer nicht, hierzu
sofort seine Zustimmung zu geben. Ferner: um den beiden
Theilen erwünschten Defensivtractat möglichst bald zu
realisiren, um jeden Grund des Mißtrauens zu entfernen,
und zum Beweise seiner Aufrichtigkeit entsagt der König
allen besonderen Ansprüchen, und läßt er namentlich die
bisher hauptsächlich aus commerciellen Gründen betriebene
Acquisition von Danzig fallen. Auch soll außerdem, um
zu vermeiden, daß in Zukunft keine der benachbarten Mächte
einen überwiegenden Einfluß in Polen erhalte, festgesetzt
werden, daß die zur polnischen Infantin erklärte Tochter

des Kurfürsten nie mit einem Prinzen aus einer dieser
drei Dynastien sich vermähle, und daß überhaupt nie ein
denselben angehöriger Prinz die polnische Krone tragen
dürfe. — Drittens: vor allen Dingen aber sei es von
der größten Wichtigkeit, jede Theilnahme des petersburger Hofs an der gegenwärtigen Verhandlung
zu verhindern, denn die Zulassung dieses Hofes
sei mit der dermaligen Lage der Dinge und mit
dem Ziel der Interessen, die man im Auge habe,
ganz und gar unvereinbar. — Viertens sollte, offenbar, um das gute Einvernehmen zwischen den beiden
deutschen Mächten desto vollständiger herzustellen, und
um Oestreich jeden Grund der Eifersucht zu benehmen,
in Bezug auf das deutsche Reich zwar die Aufrechthaltung
der Verfassung und der Freiheiten desselben stipulirt werden,
aber ohne daß irgendwie des deutschen Fürstenbundes Erwähnung geschähe. Und schließlich wurde Bischoffswerder
ermächtigt, zu einer persönlichen Zusammenkunft des Königs
mit dem Kaiser in Bezug auf Ort und Zeit eine definitive
Verabredung zu treffen.

In diesen preußischen, im Einverständniß mit England
dem Kaiser gemachten Eröffnungen sprach sich auf das
Bestimmteste die Ueberzeugung aus, daß die Hauptpunkte
des beabsichtigten Föderativsystems, die Erhaltung der
Integrität der Türkei und Polens, sich nur würden durch-
setzen lassen durch den Ausschluß Rußlands von diesem
System. Die Alliirten waren der Ansicht, daß bei der

Theilnahme der letzteren Macht durch ihren überwiegenden Einfluß die liberal-conservativen Interessen, auf die man es absah, sofort einer gegentheiligen Richtung würden weichen müssen. Und noch zur Zeit der Absendung Bischoffs-werders war der König von Preußen selbst von der Nothwendigkeit der Ausschließung Rußlands so überzeugt, daß er für den Fall, wenn der Kaiser dieser Grund-bedingung nicht beipflichten würde, nicht üble Lust zu haben schien, auch mit ihm zu brechen und als Feind sich ihm gegenüber zu stellen. [1]

Ueber die unablässig aggressiven Tendenzen Rußlands unter Katharina II. konnte freilich auch Leopold sich un-möglich täuschen. Schon sein durchdringend scharfer Blick in politischen Dingen würde hierfür bürgen, wenn nicht eben davon seine eigenen Aussprüche untrüglich und viel-fach Zeugniß ablegten. Dennoch kam ihm Alles darauf an, die Erstarkung des englisch-preußischen Systems zu vereiteln, offenbar, weil er überzeugt war, daß durch seinen Anschluß an dasselbe mehr die in diesen Ländern vorherrschenden Bildungstendenzen und politischen Bestre-bungen Aussicht gewinnen würden, sich zu befestigen, als seine eigenen Regierungsmaximen, die wesentlich mit den russischen sympathisirten. Insbesondere in Bezug auf Polen war er einer Emporhebung dieser Republik aus ihrer alten, zerrütteten Verfassung schon darum im höchsten Grade abgeneigt, weil er die neue Verfassung für das Resultat

---

[1] Siehe Beilage I.

einer unmittelbaren Betheiligung Preußens hielt, und wenn
er auch allmählich sich davon überzeugen mußte, daß die
Revolution vom 3. Mai nicht nur ohne jegliche Betheili=
gung, sondern sogar der entschiedenen Mißbilligung dieser
Macht zum Trotz sich vollzogen hatte, so vermochte er
doch von der Vorstellung sich nicht loszumachen, daß, in
sofern die ganze polnische Bewegung von ihrem Ursprung
an doch nur durch den Beistand Preußens hatte ins
Leben treten können, jede wirkliche Consolidation des pol=
nischen Staatswesens unter den drei östlichen Großmächten
auch nur der Verstärkung des preußischen Einflusses wesentlich
zu statten kommen werde. Schon diese Erwägung allein
wäre für Leopold hinreichend gewesen, seine Accession zum
Föderativsystem abzulehnen; den Ausschlag aber gaben seine
principiellen, excessiv reactionairen Anschauungen. In die
Kathegorie der Revolution warf er Alles, was mit seinem
inneren Regierungssystem wie mit seiner auswärtigen Politik
sich nicht in Einklang bringen ließ.

Freilich war, so gut wie die in Schweden durch Gustav III.
im August 1772 bewirkte monarchische Verfassungsverände=
rung eine Revolution gewesen war, auch der Act vom
3. Mai 1791 eine Revolution; denn auch dieser Act
hatte sich auf ungesetzlichem Wege durch die Intrigue einer
großen Minderheit der gesetzlichen Vertreter der polnischen
Nation vollzogen. Nichtsdestoweniger aber war das, was
in Polen vorging, doch himmelweit verschieden von dem,
was man in Frankreich beabsichtigte. Gewiß, der Tadel

destructiver Tendenzen konnte diese Revolution am wenigsten treffen; sondern nur darum mußte man in ihre Erfolge gerechtes Mißtrauen setzen, weil sie einmal mit nothwendigen, nationalen Umgestaltungen nicht weit genug ging, und weil andererseits selbst das, was sie an solchen Verbesserungen zu leisten versprach, kaum ausführbar erschien, im Hinblick auf den starren Widerstand, der von Seiten der großen Mehrheit der Nation als unausbleiblich vorauszusehen war. Wenn man also in Wahrheit den guten Willen hatte, Polen nicht in seiner alten Anarchie sich auflösen und völlig vernichten zu lassen, so war der einzige Weg zu seiner vielleicht doch noch möglichen Rettung immer nur in einer aufrichtigen Unterstützung der durch eben diese Revolution vom 3. Mai vorgezeichneten Regenerationselemente gegeben. Allein gerade diesem von England und Preußen beabsichtigten Versuch widersetzte sich Leopold, indem er in das allgemeine Defensivsystem auch Rußland mit aufgenommen, und dieser Macht in Bezug auf die Regulirung der staats = und völkerrechtlichen Verhältnisse Polens eine mitentscheidende Stimme eingeräumt wissen wollte. Und das hieß mit andern Worten nichts Anderes, als Alles, was die Polen in den letzten Jahren zu ihrer Erhebung und im Widerspruch zu der ihnen 1775 von den drei Mächten aufgedrungenen und von Rußland garantirten Verfassung gethan hatten, als ein unberechtigtes, gegen die Vorschriften ihrer auswärtigen Vormünder revolutionaires Unterfangen der Vernichtung preisgeben, und

die Republik selbst dem Untergang weihen. Denn eine
auf die Ansprüche Rußlands sich gründende Restauration
der alten Zustände mußte nothwendig den Consequenzen,
die schon zur ersten Theilung geführt hatten, eine noch
viel weiter reichende Ausdehnung geben.

So wenig wir nun auch in Abrede stellen, daß Leopold
schwerlich vor den unbequemen und selbst gefährlichen
Folgen sein Auge verschloß, die in Zukunft auch seiner
eigenen Monarchie aus einer zu weit gehenden Begünstigung
des russischen Einflusses erwachsen mußten, so schien doch
zur Zeit wenigstens das im Westen sich vollziehende Welt=
drama von dieser Besorgniß ihn völlig abzuziehen. Neben
den polnischen Angelegenheiten kamen in Mailand auch
die französischen wieder zur Sprache. Leopold haßte diese
Revolution gewiß noch intensiver, als ein Edmund
Burke sie hassen konnte. Er sah im Geiste den von ihr
der alteuropäischen Ordnung der Dinge drohenden Umsturz
und das Chaos allgemeiner Verwirrung. Was galt ihm
im Vergleich zu diesem Grundübel die Furcht der Alliirten
vor der Uebermacht Rußlands! Er gab ohne Zögern das
ungeregelte und in sofern ja wohl auch revolutionair zu
nennende Polen der russischen Zuchtruthe preis, wenn es
ihm durch dieses Zugeständniß nur gelang, die Bundes=
genossenschaft dieser Macht auch zur Bändigung des Dämons
sich zu erkaufen, der von Frankreich aus, wie ein an=
steckendes Miasma, in riesigem Fortschritt seine unheim=
lichen Kräfte über die ganze civilisirte Welt hin auszu=
spannen begann.

Nicht sowohl um eine Defensivallianz gegen den russischen Absolutismus war es ihm zu thun, als vielmehr um eine defensive und nach Beschaffenheit der Umstände offensive Allianz mit England, Preußen und dem Hort der Reaction, Rußland, gegen das revolutionaire Frankreich. Bereits fünf Monate vor dieser mailänder Zusammenkunft hatte er in diesem Sinn gegen den Lord Elgin sich ausgesprochen. Jetzt kam er auf dasselbe Thema zurück; aber auch jetzt ließ der Engländer in seiner früheren Ansicht sich nicht wankend machen. Elgin beharrte dabei: wie er die ganze Tendenz des von den Alliirten vorgeschlagenen Systems auffasse, müsse der Anschluß Rußlands, wegen der zu heterogenen Interessen dieses Staates, die Wohlthaten, welche dasselbe darbiete, geradezu aufheben; er fügte hinzu: auch gegen die französische Revolution werde die von England proponirte Allianz mit Ausschluß Rußlands eine vollkommen ausreichende Macht zu entwickeln fähig sein zur Abwehr und nöthigen Falls, um den gemeinschaftlichen Feind zu zermalmen. Leopold aber war sich seines Zieles zu wohl bewußt, um solcher Belehrung zugänglich zu sein; was er über den englischen Abgeordneten nicht vermochte, suchte er mit glücklicherem Erfolg bei dem preußischen durchzusetzen.

Kein Ereigniß konnte rechtzeitiger kommen, um die mit einander hadernden Monarchen von ihren besonderen Händeln abzuziehen, als der Schreckschuß der verunglückten Flucht Ludwigs XVI. Unter dem frischen Eindruck dieser betäubenden

Nachricht erließ der Kaiser am 6. Juli aus Padua jene
an die Höfe von Sardinien, Neapel, Spanien, Rußland,
Preußen und England gerichtete berühmte Circularnote,
welche die Sache des allerchristlichsten Königs für die
aller Monarchen erklärte. — Katharina II. erkannte sofort,
was es ihr eintragen würde, wenn man um des Westens
willen sich genöthigt sähe, gegen sie die Schranken im
Osten fallen zu lassen. Mit dem Feuereifer überfließender,
opferbereitwilliger Großmuth zögerte sie keinen Augenblick,
das Programm ihres kaiserlichen Bruders zu besiegeln. —
Wie aber verhielt sich Preußen in und zu dieser entscheidenden
Krisis?

Preußens Geschicke lagen in diesem Moment in der
Hand des königlichen Günstlings, Bischoffswerders.
Bischoffswerder aber hatte keine Ahnung davon, daß
das schlechteste Mittel die gährende Revolution zu dämpfen
eine Reaction ist, die statt den kranken Staatskörper zu
heilen, ihn gewaltsam in freiheittödtende Fesseln legt.
Bischoffswerder ließ sich von den leopoldinischen
Ansichten ganz und gar umgarnen, und da sein König
in ihn ein unbegrenztes Vertrauen setzte, so wußte der
Kaiser wohl, daß, wenn er ihn gewann, er, so zu sagen,
den König mit gefangen hatte. Indessen, im Beisein seines
englischen Collegen wagte Bischoffswerder doch noch
keinen offenbaren Abfall von den ihm ertheilten Instructionen.
Freilich aber konnte es nicht schwer halten, dieser kleinen
Ungelegenheit durch einen bequemen Ausweg sich zu ent=

ziehen. Leopold gab sich fortwährend den Anschein, als
stimme er in der Ansicht über den Zweck des Defensiv=
systems mit den Alliirten im Ganzen durchaus überein,
nur daß es ihm nicht recht einleuchten wollte, wie dieser
Zweck durch den Beitritt Rußlands völlig sollte vereitelt
werden können. Und nun suchte er aus formellen Gründen
es als räthlich darzustellen, daß ohne das System der
Alliirten zu alteriren, zunächst der Haupttractat zwischen
Oestreich und Preußen in Wien verhandelt werde, und
daß sodann erst auf Preußens Einladung die beiden See=
mächte ihren Beitritt zu dieser Allianz erklären sollten.
Dabei bestand er darauf, daß es ihm unbenommen bleiben
müsse, auch seinerseits seinen bisherigen Bundesgenossen
zum Beitritt aufzufordern; er sei, versicherte er, gegen
die Pläne der russischen Politik nicht blind, und werde
daher dieser Macht jedenfalls nur solche Bedingungen
vorlegen, die entweder ihren Beitritt verhindern, oder
wenn sie doch angenommen würden, die befürchteten
Gefahren abwenden müßten.

Nach solchen Vorverhandlungen wurden denn in der
That am 25. Juli von Kaunitz und Bischoffswerder
die Präliminarien zu einer Defensivallianz unterzeichnet,
welcher beizutreten die beiden Seemächte und Kursachsen
eingeladen werden sollten, aber außer diesen Mächten auch
Rußland. Sehen wir uns nun aber den Inhalt dieser
wiener Convention näher an, so werden wir zuvörderst
nach Rußland den Beitritt erschwerenden Bedingungen,

oder nach solchen, die es wenigstens dem Geist des Systems
der Alliirten sich anzubequemen zwingen sollten, vergebens
forschen. — Leopold hatte früher geäußert, daß noch
mehr als der Plan, die Revolution in Frankreich gewaltsam
zu unterdrücken, ihn der Gedanke beschäftige, Maßregeln
zu ergreifen, durch die jeder drohende Keim revolutionairer
Ideen in den unmittelbar seiner Autorität untergebenen
Ländern gleich im ersten Entstehen vernichtet werden könne.
Auch war er bereits auf sehr specielle Vorkehrungen bedacht
gewesen, die dazu dienen sollten, in den deutschen Reichs=
gebieten „jedes Symptom eines demokratischen Geistes zu
unterdrücken." Und in Pillnitz beabsichtigte er im Verein
mit Preußen eine Erklärung zu erlassen, welche jedem
Gliede des Reiches Schutz zusichern und jedem deutschen
Fürsten, der es verlange, zur Erhaltung seiner Rechte
und Besitzungen Beistand versprechen werde. Von „diesem
System" versprach er sich, daß er kraft desselben nicht
nur in seinen eigenen Territorien, in Ungarn und in
Belgien die Ruhe werde herstellen und befestigen können,
sondern daß dasselbe auch überall im Auslande und nament=
lich in Polen als das beste Mittel sich bewähren werde,
„den Quell der Revolution zu verstopfen." — Das
waren die Principien, welche die Präliminarconvention
vom 25. Juli dictirten, und mit diesem Schlüssel wird uns
das richtige Verständniß ihres auf absichtsvolle Täuschung
berechneten Wortlauts nicht schwer fallen.

Mochte auch gegen den ersten Punct: „Die beiden Höfe garantiren sich gegenseitig ihre Territorien gegen jeden Angriff", nichts Besonderes einzuwenden sein, so lautete doch gleich der zweite: „keiner von beiden wird ohne Wissen des Anderen eine Allianz schließen", schon viel bedenklicher, in sofern nämlich die dieser Allianz zu Grunde liegende Tendenz nicht mehr die der früheren englisch= preußischen, sondern die der früheren östreichisch=russischen Allianz sein sollte. In Bezug auf die Natur dieser Tendenz aber schien der dritte Punct kaum noch einen Zweifel übrig zu lassen. Denn die erste Hälfte dieses dritten Punctes: „sie werden sich bemühen, unverzüglich die Uebereinkunft zu Stande zu bringen, zu welcher der Kaiser soeben in Bezug auf die französischen Angelegenheiten die Hauptmächte Europas eingeladen hat", drückt ebenso ent= schieden der auswärtigen Politik der sich Verbündenden einen intervenirenden offensiven Charakter auf, wie die zweite Hälfte: „sie werden sich überdies auf ihr respectives Ansuchen Hülfe und Beistand leisten im Fall, daß bedenk= liche Bewegungen die innere Ruhe in dem einen oder dem anderen ihrer Staaten zu stören drohen", die innere Politik derselben zu einer entschieden repressiven stempelte.— Zeigten aber die Contrahenten in Bezug auf ihre eigenen Unterthanen sich so reactionssüchtig, so war hiermit schon gewissermaßen von selbst der Fingerzeig gegeben, wie man hinsichtlich des vierten, Polen betreffenden Separatartikels zwischen den Zeilen zu lesen habe. Hier liegt offenbar der

Herrmann: die östr.=pr. Allianz ꝛc.　　　　3

Hauptnachdruck auf der ersten Hälfte: „sie werden im
Interesse der Polen benachbarten Höfe ein Uebereinkommen
treffen, welches dazu geeignet wäre, alle Eifersucht und
alle Furcht vor dem Uebergewicht der einen oder der
anderen (unter den Dreien) zu entfernen." — Nicht darauf
also kam es ihnen an, die polnischen Angelegenheiten im
Sinn und zum Besten der polnischen Nation zu ordnen,
sondern nur darauf, ihr eigenes respectives Interesse wahrzunehmen. Wie sie aber dieses Interesse würden verstanden
wissen wollen, das konnte nach dem bisherigen Verhalten
der Kaiserin von Rußland und des ihr im Princip bei-
stimmenden Kaisers Leopold kaum noch fraglich sein. Und
es liegt auf der Hand, daß auch Preußen, wenn es nicht
von vorn herein mit Oestreich sich Rußland widersetzte,
sondern eine gemeinschaftliche Berathung mit letzterem
zuließ, sich zur Umkehr entschließen und sich fügen mußte. —
Auch in der zweiten Hälfte dieses Polen betreffenden
Artikels berücksichtigt der eine Satz: „sie werden daher
unter sich und mit Rußland feststellen, — daß kein Prinz
aus ihren Häusern weder durch eine Vermählung mit
der Prinzessin Infantin, noch sonst durch eine neue Wahl
den polnischen Thron besteige", nur das Interesse der
drei Mächte, der andere aber: „sie werden feststellen, daß
nichts unternommen werde, um die Integrität und die
Aufrechthaltung der freien Verfassung Polens zu alteriren",
muß in Bezug auf seinen scheinbar beabsichtigten Inhalt
geradezu für eine leere Phrase erklärt werden, die nur

darauf berechnet war, theils die beiden deutschen Mächte nicht unbedingt der russischen Parole preis zu geben, theils aber und vorzüglich, sowohl England als auch die Polen selbst nicht sogleich hinter die Karten sehen zu lassen.

Und nun meine man nicht, daß die durch diese Convention bewirkte europäische Systemsveränderung in den unermeß= lichen Folgen, die sie nach sich ziehen müsse, nicht sofort wäre erkannt worden. Statt zu einem Europa beherrschenden liberal=conservativen System zu gelangen, war man im Begriff, ein radical=antirevolutionaires, auf die Unter= drückung aller autonomen Bildungstriebe ausgehendes absolutistisches Reactionssystem zu schaffen. Wer auch nur halbweges einen Begriff von freier Entwickelung hatte, der konnte aus dem gewaltsamen Conflict der politischen Extreme, welchen dieses System heraufzuschwören schien, keine glückliche Zukunft weissagen. In Berlin wurden die, welche es zunächst betraf, der Minister des Auswärtigen, Graf Schulenburg=Kehnert und der englische Gesandte, Ewart, über diese Wendung der Dinge von Schrecken und tiefer Sorge ergriffen. Beide sahen das unverbesser= liche Hauptübel in dem stipulirten Beitritt Rußlands. Schulenburg insbesondere beklagte den Mißgriff des politischen Drucks, der fortan auf deutschen Landen lasten solle. Ueber die wider Erwarten glimpfliche Fassung des Polen betreffenden Artikels sprach er sich zwar sehr zu= frieden aus, nur nicht ohne großes Mißtrauen. Es wollte ihm durchaus nicht einleuchten, wie es bei der Herbei=

3 *

ziehung Rußlands in die Garantieübernahme möglich sein sollte, die Integrität dieses Staates wirklich zu wahren; er fürchtete vielmehr, daß eine solche Garantie einen nur sehr geringen Effect haben würde den ehrgeizigen Absichten Rußlands gegenüber, zu deren Ausführung es jetzt (bei dem nah bevorstehenden Abschluß des türkischen Friedens) viel stärkere und aussichtsvollere Versuchung habe, als je zuvor; der Kaiser aber, meinte er, würde, was auch immer dessen wirkliche Wünsche und Absichten sein möchten, nicht im Stande sein, das Vorschreiten Rußlands aufzuhalten, und daher genöthigt sein, sich mit dieser Macht zu irgend einem Theilungsplan zu verbinden, von welchem dann auch Preußen sich nicht werde ausschließen können. — Zwar setzte Ewart, da die Convention vom 25. Juli noch nicht ratificirt war, eine letzte Hoffnung, daß sie nicht zum Vollzug käme, noch darauf, daß die durch sie der preußischen Politik vorgezeichnete Richtung im ganzen Königreich allzu unpopulair sei und schlechterdings gar keinen Anklang finde, ein Umstand, der troß der in diesem Lande üblichen Regierungsweise doch wohl nicht unberück= sichtigt gelassen werden dürfte. Allein in diesem Punct täuschte der sonst so scharfsichtige englische Diplomat sich nur leider völlig. Eben hier sollte es in eclatantester Weise offenbar werden, daß ein Volkswille, der nicht geseß= lich sich zur Geltung bringen kann, von gar keinem Gewicht ist. Friedrich Wilhelm ließ sich dermaßen von dem contre=revolutionairen Taumel berauschen, daß er

kaum noch für etwas Anderes als für die antifranzösische
Coalition Ohr und Auge hatte. Sagten doch ohnehin die
glänzenden, ruhmverheißenden Aussichten, die auf diesem
Felde der Thaten sich ihm eröffneten, seinem immer nur
an der Oberfläche der Dinge haftenden Naturell viel besser
zu, als das geduldprüfende System der ruhig abwartenden
Politik, an das er bis dahin sich gebunden sah. Um nur
von dieser Seite her mit lästigen Vorstellungen und
Gegenreden weiter gar nicht behelligt zu werden, wurde
Ewart von der zu Pillnitz bevorstehenden Zusammenkunft
geflissentlich ausgeschlossen. Und nun ließ er sich durch
nichts zurückhalten, zum neuen Bund dem Kaiser den
Handschlag zu geben [1].

Auch über die wahre Bedeutung der pillnitzer Zusammen=
kunft hat man sich sehr lange täuschen lassen, zum offen=
baren Beweise, wie gut der kaltbesonnene Leopold auf das
Täuschen und Irreführen sich verstand. Weil Leopold in
Pillnitz unzweifelhaft in seinem Reactionssystem einen den
Umständen angemessenen einstweiligen Rückschritt eintreten
ließ, hat man geglaubt, daß es ihm überhaupt mit seiner
Coalitionspolitik kein rechter Ernst, und daß das eigentliche
Ziel seines Strebens nichts Anderes als Erhaltung des
Friedens um jeden Preis gewesen sei. Dennoch spricht
Alles dafür, daß er auch in Pillnitz für nichts, als für
die Befestigung seines Systems gearbeitet hat. Zum Ersten

[1] S. Beilage II.

gewann er das große Resultat, Preußen definitiv von
England zu trennen und somit zu sich herüberzuziehen und
zum Zweiten gelang es ihm, schon jetzt insbesondere der
polnischen Frage eine Wendung zu geben, die ihre Ent=
scheidung in östreichisch=russischem Sinn kaum noch als
zweifelhaft erscheinen ließ. Denn wenn man auch an guten
Worten, den Kurfürsten von Sachsen zur Annahme der
polnischen Krone zu bereden, es nicht fehlen ließ, so
wurde dieser Courtoisie doch sofort alle Bedeutung genommen
durch den hinkenden Nachsatz, daß es sich allerdings dabei
auch noch um die Zustimmung Rußlands handeln werde.
Hätten aber Oestreich und Preußen jetzt wirklich noch an
dem Constitutionswerk vom 3. Mai festhalten wollen, so
hätten sie im Voraus den Kurfürsten gegen den Einspruch
Rußlands sicher stellen müssen, wie Preußen in Gemein=
schaft mit England noch damals es im Sinne hatte, als
Bischoffswerder seinen Weg von Berlin nach Mailand
über Dresden nahm. Sahen nun aber freilich, was die
französischen Angelegenheiten betrifft, der Graf Artois
und seine Begleiter fürs Erste in ihren Hoffnungen sich
durchaus getäuscht, so beweis't das weiter nichts, als daß
Leopold eben nicht gesonnen war, seine Reactionspolitik
mit der der Emigranten zu identificiren, was zu vermeiden
er allerdings die triftigsten Gründe hatte. Wie sehr indessen
ihm sein Hauptzweck gelungen war, das geht schon aus
dem Umstand hervor, daß die Kaiserin von Rußland,
weit entfernt über die in Pillnitz sich befestigende Allianz

der beiden deutschen Höfe ungehalten zu sein oder Eifersucht zu zeigen, vielmehr unverhohlen ihre Freude darüber an den Tag legte, daß der König von Preußen nun unwiderruflich auf die Pfade der Politik der Kaiserhöfe sich habe hinüberleiten lassen. In der That schien Friedrich Wilhelm die großartigen Pläne, die seine Phantasie sich ausmalte, so heißblütig in Angriff nehmen zu wollen, daß jetzt der Kaiser, nur ihn vom Ueberstürzen abzuhalten, Mühe hatte. In England aber täuschte man sich über die Grundbedeutung der zu Pillnitz bestätigten wiener Convention so wenig, daß die großbritannischen Gesandten sowohl am östreichischen, wie am preußischen Hof angewiesen wurden, die Erklärung abzugeben: „Se. Maj. der König hätte gewünscht, daß seines zukünftigen Beitritts zu der durch die Convention vom 25. Juli verabredeten Allianz nicht Erwähnung geschehen wäre, weil er sicherlich Verbindlichkeiten, die so ganz und gar von dem Sinn des seinerseits beabsichtigten Systems abwichen, nicht werde eingehen können"[1].

Daß nun aber auch Leopold, trotz all' seiner beschwichtigenden Erklärungen und scheinbaren Friedensdemonstrationen keinen Augenblick von dem Gedanken abließ, die durch die Convention vom 25. Juli angebahnte Reactionspolitik in möglichst umfassender und nachhaltiger Weise ins Werk zu setzen, davon überzeugen uns ebenso

---

[1] S. Beilage III.

seine unausgesetzt ihren Fortgang nehmenden Allianz=
verhandlungen mit Preußen, wie sein rücksichtsvolles
Benehmen gegen Rußland und endlich nicht minder sein
schulmeisterndes Verhalten gegen die gesetzgebende Ver=
sammlung Frankreichs. Es ist nicht davon die Rede, daß
der Kaiser in seinem und des Reiches Namen sein Kanzler
nicht vollkommen dazu berechtigt gewesen wären, gegen
die Jacobiner loszufahren, wie sie es thaten, nur soll
man nicht meinen, daß sie der unausbleiblichen Folgen
solcher officiellen Schritte nicht aufs Klarste sich bewußt
gewesen wären. So hoch wie die Revolutionswogen gleich
in den ersten Monaten nach dem Zusammentreten der
legislativen Versammlung aufschlugen, so stürmisch und
für das Ausland verletzend, wie namentlich die Emigranten=
frage behandelt wurde, täuschte gewiß am wenigsten der
seine Leopold sich über die Unvermeidlichkeit eines ehester
Tage bevorstehenden Krieges, den auch er selbst gewiß
nicht vermeiden wollte, in so fern er es nicht mit Ehren
konnte. Nur wollte er, um desto mehr das formelle Recht
auf seiner Seite zu haben und weil er wußte, daß jeder
Monat und jede Woche Aufschub der Befestigung seines
Systems zu Gute kam, nicht der angreifende Theil sein[1].
Man hörte ihn sagen, „wenn die französischen Bösewichter
entschlossen wären, ihn zum Kriege zu zwingen, sollten sie
sehen, daß der friedliebende Leopold den Krieg mit der

---

[1] S. Beilage IV.

größter Energie führen werde und dann wolle er sie die Kosten mit etwas Soliderem als Assignaten bezahlen lassen". Mit dieser Drohung war es ihm ohne Zweifel vollster Ernst, aber um sie wahr zu machen, um einen großen und sicheren Schlag führen zu können, dazu glaubte er vor allen Dingen im Sinn seines Systems zunächst mit Preußen und Rußland sich verständigen und namentlich in Bezug auf Polen sich auseinandersetzen zu müssen. Und hiermit sind wir zu dem Punct gelangt, wo wir zu erweisen haben, daß es dem Kaiser in der That um nichts weniger zu thun war, als um die Herstellung Polens auf Grund der Verfassung vom 3. Mai, sondern daß er um den Preis einer noch intimeren Verbindung mit Rußland, dem sogenannten historischen Recht, welches diese Macht gegen die unglückliche Republik geltend zu machen den Anspruch erhob, willfährig das Wort redete.

Die genügendste Auskunft verdanke ich in dieser Beziehung dem dresdener Hauptstaatsarchiv und daneben dem berliner geheimen Staatsarchiv, welches letztere selbstverständlich für die unmittelbar preußischen Angelegenheiten in erster Stelle von mir zu Rathe gezogen worden ist.

Zuvörderst ist es im höchsten Grade auffällig, daß es der kursächsischen Regierung, welche das lebhafteste Interesse hatte, den angeblich guten Willen Oestreichs zur monarchischen Wiederherstellung Polens zu erproben, durchaus nicht gelingen wollte, sich von der Aufrichtigkeit der Politik des wiener Hofes zu überzeugen. Vielmehr zog die

ganze Zeit, seit der pillnitzer Zusammenkunft bis zu
Leopolds Tod unter leerem und nichtssagendem Wortkram
sich hin, womit Oestreich, indem es für den Kurfürsten
und für Polen nichts that, nur den Schein zu retten
suchte. „Man nimmt an," — schreibt wörtlich der kur=
sächsische Premierminister Graf Loß am 2. Nov. 1791 an
den Herrn von Völker sahm in Petersburg —, „daß
der Kaiser nichts Bestimmtes hinsichtlich Polens articuliren
wird, ehe er die Antwort von seiner Alliirten erhalten
hat, aber nicht nur aus den häufigen und geheimen
Conferenzen des Fürsten Golizyn (russischen Gesandten
in Wien) auf der Staatskanzelei, sondern auch aus anderen
Indicien schließt man, daß seine Verbindungen mit Ruß=
land, statt durch die Allianz mit Preußen, welche jetzt ihre
formelle Sanction erhalten soll, einigen Abbruch erlitten
zu haben, enger als je sind und täglich sich noch enger
knüpfen. — Andere Personen, die in näheren Beziehungen
zu dem östreichischen Ministerium stehen, glauben Grund
zu dem Argwohn zu haben, daß dieses und vielleicht der
Kaiser selbst, wenn sie nicht bereits mit Rußland sich
darüber verständigt haben, die neue Constitution scheitern
zu lassen, doch nicht ungern diese Macht sich opponiren
sehen werden, und daß jeden Falls der wiener Hof nicht
die Unterstützung dieses Werkes wird auf sich nehmen
wollen." Und schon einige Wochen zuvor (8. October)
fand die sächsische Regierung Veranlassung, ihren Gesandten
zu warnen, daß er dem Gerücht, als wolle der Kaiser

Rußland dazu bewegen, sich bei den in Polen eingetretenen Veränderungen zu beruhigen, nicht leichtgläubig Gehör schenken möge. Sie hielt dem entgegen, daß der östreichische Geschäftsträger in Warschau, Herr de Caché, die von dem König Stanislaus Augst in öffentlichem Reichstag gethane Aeußerung: zwei große Höfe wären überein gekommen, nicht nur die Unabhängigkeit von ganz Polen, sondern auch die Constitution vom 3. Mai und die erb= liche Thronfolge zu unterstützen —, ausdrücklich in Abrede gestellt habe, mit dem Bemerken, daß er, seinerseits, keines= weges ermächtigt sei, etwas Derartiges im Namen seines Hofes zu versprechen. Inzwischen aber hatten den Herrn von Völkersahm denn auch schon seine eigenen Beob= achtungen zu ähnlichen Wahrnehmungen geführt. Unter dem 4. October nämlich berichtet derselbe: der preußische Gesandte, Baron von Goltz, habe in Bezug auf den von Rußland zu befürchtenden Widerstand vertröstend zu ihm gesagt: „wenn die beiden anderen übereinstimmen, wie kann der hiesige (petersburger) Hof sich opponiren?" Welchen Eindruck aber diese zweideutigen Worte auf ihn machten, legt er dar mit den Worten: „um kein Mißtrauen zu zeigen, habe ich nicht geantwortet, was ich dachte, nämlich, daß ich ganz seiner Meinung sein würde, wenn ich versichert wäre, daß die anderen Höfe das wirklich wollen, was sie vorgeben." Und allerdings war auch schon das unbedingt passive Verhalten der beiden deutschen

Mächte der russischen Activität gegenüber eine Sprache, über deren Sinn man sich unmöglich täuschen konnte.

Bereits in demselben Monat, wo Rußland zu Galacz die Präliminarien zum türkischen Frieden schloß, im August 1791, verbreitete sich von Petersburg aus die Kunde von beabsichtigten Truppensendungen nach den polnischen Grenzen. In der Moldau hielten die Stimmführer der polnischen Reactionspartei, die Creaturen Rußlands, der Krongroß= feldherr Branicki, der Kronfeldzeugmeister Graf Felix Potocki, der Unterfeldherr Graf Rzewuski und Genossen unverholen ihre Berathungen mit dem vertrauten Cabinets= politiker der Kaiserin, Grafen Besborodko, welchem sie bald darauf, um der letzteren selbst sich vorzustellen, nach Petersburg folgten. Und in Warschau ließ der russische Gesandte, Herr v. Bulgakow, sich vernehmen, daß zwar noch für seine Souverainin der Augenblick nicht gekommen sei, in Polen zu sprechen, daß sie aber unfehlbar seiner Zeit ihren mit der Republik im Jahre 1768 ab= geschlossenen Tractat wieder zur Geltung zu bringen wissen werde. Einstweilen förderte er wenigstens die Wühlereien der ihm feilen Partei nach Kräften. So z. B. verlautete, daß er selbst die am 15. September vom Landboten von Braklaw im Reichstag gehaltene Rede aus= gearbeitet habe, deren Inhalt offenbar nur darauf ausging, die Verwirklichung der Constitution vom 3. Mai zu ver= eiteln. Denn indem der Redner begehrte, man solle durch eine besondere Deputation vom Kurfürsten hinsichtlich der

Annahme der polnischen Krone alsbald ein unbedingtes
Ja oder Nein einholen, ohne weiteren Unterhandlungen
Raum zu geben, so wäre, wenn der Reichstag diesem
Antrag seine Zustimmung gegeben hätte, dem Kurfürsten,
da derselbe eine unmodificirte Zusage nicht geben konnte,
nichts übrig geblieben, als mit einem entscheidenden Nein
zu antworten, und somit wäre durch eine solche Ablehnung
das ganze Constitutionswerk sofort wenigstens einer seiner
Hauptstützen beraubt worden. — Kaum drei Monate
später aber, im December 1791, konnte Bulgakow schon
viel dreister auftreten. Damals hatte soeben der wiener
Hof· dem russischen die ausdrückliche Versicherung gegeben,
daß die Convention vom 25. Juli, in welcher nur im
Allgemeinen von der Aufrechthaltung der Freiheit und
Unabhängigkeit der Republik die Rede sei, einer Restitution
der alten, von Rußland direct und mittelbar auch von
Oestreich garantirten Verfassung nicht im Wege stehen
würde. Und von solchen Erklärungen ermangelte der
russische Gesandte in Warschau denn nicht, einen für seine
Creaturen ermuthigenden Gebrauch zu machen. Die Verbindung seines Hofs mit dem östreichischen, sagte er, sei
eine so enge, daß letzterer Rußland in den polnischen
Angelegenheiten keinen Zwang anthun, und keinen Falls
sich seinen Plänen widersetzen würde; ein Gleiches, fügte
er hinzu, glaube er auch vom berliner Hof voraussetzen
zu dürfen. — Doch wie Oestreich und Preußen es mit
der Republik im Sinne hatten, das brauchten die Polen

jetzt schon nichte mehr aus dritter Hand zu rkundschaften.
Sowohl der Marquis Lucchesini, wie der Herr de Caché
sagten es den einflußreichen Parteiführern, mit denen sie
verkehrten, ohne Umschweif und gerade heraus, daß kein
großer Hof weder von der Constitution des 3. Mai, noch
vom erblichen Thron etwas wissen wolle, und daß sie in
dieser Beziehung alle vollkommen mit einander überein=
stimmten. Der sächsische Gesandte aber, Herr v. Essen,
dem de Caché zu verstehen gab, daß der Kurfürst sich
einer großen Gefahr aussetzen würde, wenn er die Krone
ohne eine formelle Garantie der drei Mächte annehme,
war keinen Augenblick mehr darüber in Zweifel, daß letztere
nur die Zwietracht unter den Polen bis zum Bürgerkrieg
zu vermehren wünschten, um sodann — ihre weiteren
Maßregeln zu treffen.

In den ersten Tagen des Januars 1792 machte der
Marquis Lucchesini dem König von Polen eine directe
Mittheilung über den nah bevorstehenden Abschluß der
östreichisch = preußischen Allianz. Er überreichte ihm dabei
von Seiten seines Hofes eine Declaration, die den Abfall
desselben von dem bis dahin wenigstens scheinbar und
äußerlich noch beibehaltenen Föderativsystem außer Frage
stellte. [1] Unbeschreiblich niederschlagend war der Eindruck,
den diese Mittheilung, so weit sie lautbar wurde, unter
den Polen hervorbrachte, und man fühlt es dem Bericht,

---

[1] Siehe Beilage V.

welchen Essen hierüber erstattet, wohl an, daß er in dem=
selben zugleich seinem eigenen Unmuth Luft zu machen
suchte. Die Polen, schreibt er, zeigen in Folge dieser
Wendung der Dinge sich nicht weniger eingenommen
gegen den König von Preußen und seine Politik, wie
gegen diejenigen, welche gegenwärtig in Berlin die Faiseurs
sind. Sie sagen, daß man die Fürsten der deutschen Union
aufopfere, ihre politische Existenz vernichte und sie der
Discretion zweier Höfe preisgebe, die, der eine wie der
andere, sich nur mit Vergrößerungsplänen beschäftigten,
ohne über die Mittel, wie sie ihren Zweck erreichen, sich
nur die geringsten Scrupel zu machen; daß diese Höfe
noch mehr als Rußland die Urheber der Theilung Polens
wären, und daß keine Macht Europas, bei dem Zustand,
in welchem Frankreich sich befinde, im Stande sei, ihre
Projecte zu vereiteln; sie sagen, daß der berliner Hof,
seit dem Tode Friedrichs II. ohne System, nach der Reihe
die Brabanter, die Lütticher, die Ungarn, die Gallizier,
die Polen und endlich Deutschland geopfert habe, und daß
derselbe trotz alle dem nichts zu Wege gebracht habe, als
den Verlust des vierten Theils seines Schatzes, ein miß=
liches Zerwürfniß mit Rußland, eine unnütze Allianz mit
Polen und jetzt eine andere mit dem Kaiser, die den
Credit des Königs von Preußen in Deutschland ruiniren,
und eines Tages ihm theuer werde zu stehen kommen;
schon biete zunächst das Gezänk dieser beiden Höfe über
Polen das Schauspiel ihrer gegenseitigen und blinden

Eifersucht dar. — Man fügt hinzu, fährt Essen fort, daß von verschiedenen Seiten Stimmen sich vernehmen lassen, die es bei einem solchen Zustand der Dinge für das Gerathenste halten, wenn Polen auf seine Verbindungen mit den deutschen Höfen verzichtete, die Constitution vom 3. Mai als nicht gegeben betrachtete, und ein anderes System annehmend, sich aufrichtig Rußland näherte, da die Republik auf diesem Wege vielleicht noch das einzige Mittel finden könnte, sich vor den geheimen Plänen dieser beiden Höfe zu retten, die bereits im Jahre 1773 Polen so grausame Proben ihrer destructiven und gefährlichen Politik gegeben hätten.

So schneidend lauteten nach dem Bericht dieses voraus= sehenden Diplomaten die Urtheile über das seinen deutschen Beruf verkennende Preußen und über die Folgen der von ihm aufgegebenen Selbständigkeit Polens. — Preußen, dessen Lebenskern schon damals nur erstarken konnte, wenn es, ein Hort der Freiheit, die politischen Extreme ver= mittelte und den Schwachen eine zugleich moralische und materielle Stütze wurde, Preußen hatte aus Mangel an Selbstvertrauen sein besseres Ich aufgegeben, um im Anschluß an die beiden anderen östlichen Großmächte einseitig, wie diese, seine Machtinteressen nur militairisch zu verfolgen, statt in der Pflege der national=patriotischen Interessen den ihm ebenso nothwendigen als naturgemäßen Ersatz für den Mangel einer arealen Großmachtstellung zu suchen. Friedrich Wilhelms politische Beschränktheit wollte sich nicht eingestehen, daß sein Zusammengehen mit den Kaiserhöfen und ihrem System, statt ihn zu stärken, im Verhältniß zu diesen beiden ihn schwächen müsse; er wollte die Gefahr nicht sehen, der er sein Reich aussetzte, wenn für den Fall einer neuen Theilung Polens Rußland, wie bei der ersten, den Löwenantheil wieder für sich nähme, und die doppelte Gefahr, die ihm erwachsen mußte, wenn noch dazu die slavischen Sympathien der einmal unterdrückten Polen mit dem russischen Absolutismus sich vertrugen, und einen antigermanischen Pact schlossen.

In der That, die Verblendung der beiden deutschen Großmächte in ihrem undeutschen Anschluß an Rußland konnte nicht größer sein, als sie war. Preußen und nicht minder Oestreich waren sich keinesweges unklar darüber, daß ein ihrerseits mit Rußland einzugehendes Bündniß, dessen ausgesprochener Zweck es war, die französischen Angelegenheiten mit den polnischen zu combiniren, aus keinem anderen Grunde von dieser Macht mit Freuden würde eingegangen werden, als um sich die ersehnte Gelegenheit zu verschaffen, mit unbeschränkter Willkür in Polen zu walten, während ihre deutschen Nachbarn, im Westen beschäftigt, ihr das große Wort gönnen müßten. Hundertmal in den officiellen Schriftstücken sich wiederholende Bemerkungen dieser Art lassen hierüber nicht den geringsten Zweifel. So z. B. heißt es in einem berliner Ministerialrescript vom 20. October 1791: „Von allen Seiten und namentlich am wiener Hof befestigt sich der

Verdacht, daß die Kaiserin mit großen Entwürfen über
Polen schwanger geht. Es wäre sehr wohl möglich, daß
der russische Hof auf den Plan der französischen Contre=
revolution nur eingegangen ist, um ungehindert eine Armee
in Polen einrücken lassen zu können, und während der
Kaiser in einen Krieg zu Gunsten seines Schwagers ver=
wickelt wäre, dort ihren Schlag auszuführen." Andererseits
hatte um eben diese Zeit (23. September) Goltz aus
Petersburg ausdrücklich berichtet, daß die Kaiserin den
die neue Verfassung Polens betreffenden Punct der Convention
vom 25. Juli keinen Falls gut heißen werde, weil sie
sich nicht würde schmeicheln können, großen Einfluß in
einem Lande wieder zu gewinnen, welches der König von
Preußen aus seinem Nichts hervorgezogen, und dessen zu=
künftiger Souverain ihm seine Krone werde zu verdanken
haben. — Nichts desto weniger ertrug der König von
Preußen es mit dem vollkommensten Gleichmuth, daß
Oestreich in dieser Angelegenheit sich nicht rührte, ja er
schien den Zeitpunct kaum erwarten zu können, wo die
Kaiserin von Rußland den Anfang machen würde, mit
ihm über den Preis seiner Nachgiebigkeit in Unterhandlung
zu treten. An einigen Scheindemonstrationen zu Gunsten
des Kurfürsten und der Republik ließen freilich von Zeit
zu Zeit die deutschen Höfe es nicht fehlen, nur trugen sie
dabei unverkennbar Sorge, daß man dieselben nur ja nicht
zu ernst nehmen solle. So ermangelte der Fürst Kaunitz
nicht (16. December), auf eine polnische, die Unterstützung

der Constitution vom 3. Mai in Anspruch nehmende
Denkschrift eine Antwort zu ertheilen, welche in den für
die Republik schmeichelhaftesten Ausdrücken abgefaßt war,
die aber ihrem wesentlichen Inhalt nach sich darauf
beschränkte, daß für den Augenblick der Kaiser nicht im
Stande sei, über den in Frage stehenden Gegenstand sich
auszulassen, weil derselbe noch nicht wüßte, ob seine
Intentionen auch seinen Alliirten genehm sein möchten.
Welcher Art aber seine eigenen Intentionen waren, dafür
fehlte es nicht an mannigfachen, ziemlich sicheren Anzeichen.
Und nicht geringes Befremden erregte es, daß während
bereits eine gute Anzahl russischer Truppen an den polnischen
Grenzen angelangt war, um den Cordon von Orel bis
Mohilew zu verstärken, der Kaiser durch das offene Treiben
der contrerevolutionairen in Jassi versammelten Magnaten
seine russenfreundliche Gesinnung sich durchaus nicht trüben
ließ. Es ist daher sehr begreiflich, wenn der Kurfürst
von Sachsen auf die ihm vom wiener, wie vom berliner
Hof nur sehr bedingungsweise gemachten Aussichten nicht
den geringsten Werth legte. Ließ doch auch der neue
Bevollmächtigte des Kaisers, Herr v. Landriani, vergeblich
darauf warten, nur irgend etwas Bestimmtes über die
Principien zu äußern, „welche Se. Majestät in Bezug
auf die polnischen Angelegenheiten und zumal in Bezug
auf die neue Constitution der Republik zu befolgen gedenke."
Gleichzeitig aber gingen aus Warschau über das fortgesetzte
Verhalten de Caché's, so wie aus Wien über die Intentionen

4 *

des östreichischen Ministeriums selbst nichts weniger als
ermuthigende Nachrichten ein (Ende December). Und so
setzte sich denn in dem Kurfürsten von Tag zu Tage die
Ueberzeugung fester, daß sowohl Oestreich als Preußen
den Wünschen Rußlands nicht entgegen treten würden,
sondern daß eine directe Uebereinkunft zwischen ihnen statt
gefunden habe, ohne die Concurrenz Rußlands keinen activen
Theil an der Consolidation der polnischen Angelegenheiten
zu nehmen.

Wie beschaffen war denn nun aber die von Rußland
zu erwartende Consolidation der polnischen Angelegenheiten?

Das petersburger Cabinet sah das passive Verhalten
der deutschen Mächte als eine directe Aufforderung an,
mit dem Endziel seiner activen Maßregeln seinerseits nicht
hinterm Berge zu halten. Vier Tage bevor in Berlin
die Bevollmächtigten Oestreichs und Preußens den Tractat
vom 7. Februar unterzeichneten, wurde in Petersburg
dem Herrn von Goltz ein von der Kaiserin an ihren
Günstling Subov gerichtetes Handbillet vorgelegt, worin
sie die Absicht aussprach, jetzt, nach dem definitiven Abschluß
des türkischen Friedens, alsbald mit ihren Truppen das
Königreich Polen zu besetzen: „si l'Autriche et la
Prusse," heißt es darin weiter, „s'opposent, comme il
est vraisemblable, je leur proposerai ou dédomma-
gement ou partage." — Diese Eröffnung aber wurde
von dem preußischen Gesandten keinesweges mit Befremden
aufgenommen, sondern er sah sie im Gegentheil als die

willkommene Einleitung zu weiteren Schritten in dem
angedeuteten Sinn an, die denn auch nicht lange auf sich
warten ließen. Und so zeigt sich schon in diesem Verhalten
des Vertreters Preußens aufs deutlichste, daß der Polen
betreffende Artikel des Tractats vom 7. Februar wenigstens
für ihn Rußland gegenüber keine andere Bedeutung hatte,
als die, daß er seinem Monarchen ein zweckdienliches
Mittel an die Hand geben sollte, um den Preis des
Aufgebens der in demselben stipulirten Unabhängigkeit und
Integrität Polens, sich um so füglicher einen nicht zu
kärglichen Antheil von dem neuen Raube ausbedingen zu
können.

Bereits am 28. Februar, also nur zwei Tage vor
dem Lebensende Kaiser Leopolds, wurde dem Baron Goltz
von dem Vicekanzler, Grafen Ostermann, im Namen der
Kaiserin eine Eröffnung gemacht, welche mit folgenden
Worten beginnt: „Ihre Majestät schlagen dem König
von Preußen, sowie dem Kaiser, vor, mit ihr über die
Arrangements übereinzukommen, welche die verschiedenen
Interessen der drei Höfe erheischen in Bezug auf den
Grad von Consistenz, welcher dem Königreich Polen zu
bewilligen sein möchte; sie sei dabei nur bemüht, das
letzte Hinderniß aus dem Wege zu räumen, welches eine
vollkommene Uebereinstimmung der Ansichten trüben und
auf die Dauer die Ruhe der benachbarten Mächte stören
könnte". — Dieser Mittheilung war eine sogenannte
mündliche Note (insinuation verbale) beigegeben, welche

die eigene Willensmeinung der Kaiserin enthielt. Sie wies insbesondere darauf hin, daß wenn das Werk des 3. Mai Dauer und Bestand gewinnen sollte, durch die Verbindung Sachsens mit Polen zu einem Staatskörper, letzteres, zumal mit Hülfe der neuen Organisation, welche man ihm geben wolle, gar leicht zu einer Macht sich erheben würde, die sich ihren Nachbarn sehr unbequem machen könnte und deren Druck ohne Zweifel gerade Preußen am stärksten zu empfinden haben möchte. — Das war denn freilich deutlich genug gesprochen. Goltz hielt sich indessen noch nicht für ermächtigt, seinerseits aus seiner vorsichtigen Haltung herauszugehen, in seinem Bericht nach Berlin aber äußerte er unumwunden, was auf der Hand lag: er zweifele nicht, daß diesen Eröffnungen bald „Theilungspläne (des projets d'acquisitions)" folgen würden.

So weit also war man bereits vor dem Tode Kaiser Leopolds und vor der Ratification des Tractats vom 7. Februar, welche von Seiten des Königs von Ungarn und Böhmen, Franz II., erst zu Anfang des Aprilmonats erfolgte, in der Verständigung über die polnischen Angelegenheiten mit Rußland gelangt. Nirgends, weder von Seiten Oestreichs noch Preußens, zeigt sich auch nur eine Spur eines ernstlich gemeinten Widerstands gegen die Polen feindlichen Machinationen Rußlands. Im Gegentheil, unmittelbar nach der definitiven Schlußfassung des Tractats vom 7. Februar beginnen die

Verhandlungen mit Rußland im Sinne des dieser Macht
erwünschten Systems. Und erst hiernach werden im weiteren
Verlauf der diplomatischen Abwickelung von Preußen leise,
von Oestreich etwas stärker betonte Bedenken gegen die
russischen Vorschläge erhoben, die jedoch nicht im geringsten
in einem principiellen Widerstreit gegen das damals noch
in Rußland naturwüchsige und von Leopold mit der ihm
charakteristischen Vorliebe für diese Richtung adoptirte
Reactionssystem ihren Ursprung haben, sondern die lediglich
aus dem Bestreben hervorgehen, einerseits, soweit wie
möglich den guten Schein zu retten, andererseits aber —,
und das war ihnen die Hauptsache —, bei der Aus-
gleichung ihrer auseinandergehenden Interessen durch Rußland nicht verkürzt zu werden. So unterließ der König
von Preußen es nicht, in eben dem Moment, als der
Rußland den Beitritt offen haltende Tractat vom
7. Februar diesem Hof mitgetheilt werden sollte, dem
sogenannten Prinzen von Nassau, diesem eifrigen Geschäftsträger der russisch-kaiserlichen Reactionspläne gegenüber,
den Spröden zu spielen. Er sagte ihm, daß er den gegen
Frankreich gerichteten Absichten der Kaiserin nur in dem
Fall sich werde anschließen können, wenn sie sich günstiger
in Bezug auf die polnischen Angelegenheiten ausließe und
jeden Plan der Rache oder der Offensive gegen die Republik
aufgebe. Und bald darauf (13. März) ertheilte sein
Ministerium dem russischen Gesandten, Herrn von Alopäus, auf jene die deutschen Mächte hinsichtlich Polens

zu dem entgegengesetzten System einladende insinuation
verbale die geflissentlich unbestimmt gehaltene Antwort:
Se. Majestät habe geglaubt, zuvörderst und ehe Sie über
diese Aufforderung Rußlands sich erkläre, den König von
Ungarn und Böhmen sondiren zu müssen, da den der
preußischen Krone durch die neue Allianz mit Oestreich
auferlegten Verbindlichkeiten vor anderen mit einer dritten
Macht erst einzugehenden der Vorrang gebühre; auch habe
Preußen die Verfassung vom 3. Mai zwar nicht garantirt,
allein sein, wenn auch unter ganz anderen Umständen mit
Polen abgeschlossener Allianztractat (vom Jahre 1790),
lege ihm doch gewisse Fesseln an, u. s. w.

Offenbar beabsichtigte Preußen mit solchen Aeußerungen
nichts weiter, als seinerseits die Verständigung über die
von den drei Mächten in Anspruch zu nehmenden Ent=
schädigungen für die von ihnen auf gemeinschaftliche Gefahr
und Kosten sowohl in Polen, wie in Frankreich auszu=
führende Reaction, möglichst zu beschleunigen. Als nun
aber die Ereignisse die Diplomatie überholten und am
20. April Ludwig XVI. sich gezwungen sah, Oestreich
den Krieg zu erklären, als in Folge dieser kritischen Lage
der Dinge auch die preußischen Truppen den Befehl zur
Marschbereitschaft erhielten, da hielt Friedrich Wilhelm
es für nöthig, wiederholt beim petersburger Hof in
Erinnerung zu bringen, daß seine Theilnahme an diesem
Reactionskampf lediglich nach Maßgabe einer ebenmäßigen
Auseinandersetzung sowohl in Bezug auf die polnischen,

wie auf die französischen Angelegenheiten sich bestimmen werde. Baron Goltz erhielt Auftrag (26. April), dem Vicekanzler Grafen Ostermann zu erklären, daß Preußens mit dem wiener Hof combinirte Kriegsvorbereitungen rein defensiver Art wären, und daß sie das bleiben sollten bis zu dem Augenblick, wo die wirkliche Theilnahme der mit= eingeladenen Mächte und vornehmlich Rußlands die deutschen Mächte in den Stand setzen würde, weitere Maßregeln zu ergreifen und den früher entworfenen Plan vollständig aus= zuführen. Diesem Plan aber widersprach nach der preußischen Auffassung die hierauf russischerseits erfolgende Erklärung keinesweges, in welcher die Kaiserin zwar bei dem Entschluß beharrte, die Republik Polen ihrem Willen zu unterwerfen, zugleich aber doch andeutete, daß die vorläufig durch ihre Truppen auszuführende Besitzergreifung Polens den Ansprüchen und Absichten der deutschen Mächte nicht zum Nachtheil gereichen sollte. Hierüber drückte der Graf Ostermann in einer am 21. April dem Baron Goltz überreichten Depesche sich mit folgenden Worten aus: „man wolle gegen die herrschende Clique, welche die Republik umgestürzt und der Zügel der Regierung sich bemächtigt habe, die Wohlgesinnten unterstützen, welche behufs der Wiederherstellung der Freiheit ihres Vaterlandes sich an die Kaiserin gewandt hätten und man wolle zu diesem Zweck die Rückkehr der Truppen benutzen, welche um den 26. Mai das Gebiet der ottomanischen Pforte räumen würden; die Kaiserin rechne hierbei nicht nur auf die

Zustimmung des Königs, sondern sie hoffe, daß er selbst alle ihm angemessen scheinenden Mittel zu dem gleichen Ziel verwenden werde; übrigens kenne ja Se. Maj. der König vollkommen die Intentionen der Kaiserin, die nur darauf ausgingen, von allen Seiten die gute Nachbarschaft unerschütterlich zu befestigen, — und für die Herstellung des alten régime in Polen arbeiten, heiße nichts Anderes, als für die Ruhe aller benachbarten Mächte und folglich auch Preußens arbeiten."

Solcher und ähnlicher Art waren die preußischerseits mit willigem Ohr aufgenommenen Auslassungen, vermittelst welcher die zum russisch=preußischen Theilungstractat vom 23. Januar 1793 führenden Unterhandlungen angebahnt wurden.

Und nicht viel anders war das Verhalten Oestreichs zu Rußland. Im Princip hielt es unverändert an den Grundlagen des Reactionssystems vom 25. Juli 1791 fest; nur daß es ihm nicht so leicht wurde, mit den beiden anderen Mächten über die von ihm bei der Combination der französisch = polnischen Angelegenheiten in Aussicht genommenen Acquisitionen sich auseinander zu setzen. An sich zeigte es für die Erhaltung Polens nicht im mindesten ein lebhafteres Interesse als seine Verbündeten; nur weil es seinerseits nicht in Polen sich vergrößern wollte, sondern je nach Gelegenheit der Umstände in Baiern oder dem Elsaß, und weil es keines dieser Objecte ohne außer= ordentliche Schwierigkeiten sich versichern zu können hoffen durfte, zögerte es, so lange wie irgend möglich, den mühelosen Eroberungen seiner Nebenbuhler seine Zustimmung zu geben. — Gerade wie Preußen unmittelbar nach dem Abschluß des Tractats vom 7. Februar Rußland gegen= über, nur um es zum Sprechen zu bringen, die Miene annahm, als wolle es sich seinen Absichten widersetzen, ebenso beeiferte zu dieser Zeit auch das östreichische Ministerium sich, die Meinung zu verbreiten, als werde es die erbliche Succession der polnischen Krone im Hause Sachsen um jeden Preis durchzusetzen suchen; nur schade, daß man weder in Dresden noch in Warschau von solchen Bemühungen auch nur die geringste Wirkung verspürte. Herr von Deboli, der polnische Gesandte in Petersburg, theilte Völkersahm mit (30. März), er habe die sichersten Anzeichen und Notizen, daß der wiener Hof so gut wie der berliner nichts mehr wünsche, als die Vernichtung des Constitutionswerkes vom 3. Mai, und daß es ihnen höchst willkommen sei, dieses Geschäft Rußland überlassen zu können, welches seinerseits fest entschlossen sei, Alles, was in den letzten Jahren in Polen geschehen, umzustürzen. Und aus Wien wurde nach Dresden berichtet (31. März): der Fürst Kaunitz habe zu Jemand im Vertrauen gesagt, die Höfe von Wien und Berlin hätten sich in der polnischen Sache schon zu sehr comprometirt, als daß es nicht sehr schwer hielte, noch einen Ausweg zu finden, wie dieselbe auf eine von der russischen Ansicht abweichende Weise arrangirt werden könne. — Man hatte fortwährend Ruß=

land in die Hände gearbeitet und nun befand man sich in der größten Verlegenheit darüber, wie man es anfangen sollte, mit Rußland sich nicht zu überwerfen und doch zugleich, wenn man ihm nachgäbe, zu verhindern, daß es nicht in Polen den überwiegenden Einfluß wiedererlange, welchen die Constitution vom Jahre 1775 ihm verschafft hatte. — Auch nur von dieser Seite aus betrachtet, blieb Oestreich, da es einmal so weit gegangen war, kaum noch etwas Anderes übrig, als entweder mit Rußland und Preußen zusammen auf eine zweite Theilung Polens Bedacht zu nehmen, oder für das, was es diesen Mächten gewährte, sich selbst die Zustimmung für anderweitige Eroberungen zu erkaufen. Und daß das wiener Cabinet in der That den letzteren Weg einschlug, dafür bieten seine weiteren diplomatischen Verhandlungen einen fort= laufenden Beleg.

Auf das noch vom Kaiser Leopold an den russischen Hof gerichtete Ersuchen, hinsichtlich Polens sich zu erklären, ertheilte nach seinem Tode die Kaiserin die sehr bestimmte Antwort, daß sie die neue Constitution und die erbliche Thronfolge im Hause Sachsen nicht anerkennen, sondern kraft ihrer für die Verfassung des Jahres 1775 über= nommenen Garantie einschreiten werde. Sie fügte hinzu, daß ihrer Ueberzeugung nach das neue System ebensowenig den Höfen von Wien und Berlin anstehen werde, und daß es daher wohl angemessen sein möchte, wenn die Polen benachbarten Mächte über einen Plan sich einigten, durch welchen diesem Königreich unter ihrer gemeinschaftlichen Obhut (sauvegarde) ein glücklicheres Loos bereitet werden könne. — Hierauf erfolgte von Seiten des Fürsten Kaunitz unterm 12. April die für jeden, der von dem wahren Verhalten des wiener Cabinets zu Kursachsen unterrichtet war, höchst naive Rückäußerung: Weiland Se. Majestät der Kaiser habe geglaubt und der König von Ungarn und Böhmen sei noch innigst davon überzeugt, daß das beste Mittel, die Angelegenheiten Polens zum eigenen Wohl der Nation und dem Interesse seiner Nachbarn entsprechend haltbar zu ordnen, in einer solchen Uebereinkunft der drei Mächte mit dem Kurfürsten von Sachsen und der Republik bestehen möchte, durch welche die ersteren die Anerkennung und Garantie der Constitution vom 3. Mai und der erblichen Succession zu übernehmen haben würden, vor= behaltlich derjenigen Modificationen, die nothwendig wären, um einerseits die Herstellung einer starken Armee und ansehnlicher Finanzen zu verhindern und andererseits auf die Dauer das richtige Gleichgewicht zwischen der Gewalt des Königs und des Reichstags so zu befestigen, wie es der Sicherheit und der Präponderanz, welche die drei benachbarten Mächte für sich in Anspruch zu nehmen hätten, entspräche. — Die Erblichkeit der Krone, auf ein auswärtiges Haus übertragen, welches zur Erhaltung seiner eigenen Staaten für die Aufrechthaltung eines guten Vernehmens mit den Höfen von Petersburg, Berlin und Wien sich interessiren müsse, würde ebenso, wie das Auf=

hören der sonst bei jeder neuen Königswahl sich wieder=
holenden inneren und äußeren Unruhen dazu beitragen,
diesen Zustand der Ruhe, der Neutralität und passiver
Existenz zu verewigen, welcher in jeder Beziehung der
für die Situation eines Zwischenstaats angemessenste sei.
Se. Apost. Majestät habe daher nicht ohne Bedauern
Kenntniß genommen von der unerwarteten Opposition des
kaiserlich russischen Hofs gegen die demselben von dem
wiener Hof vor zehn Monaten eröffneten Absichten, zumal
da ersterer diese vielmehr gebilligt als ihnen widersprochen
habe und der zweite demzufolge dem Kurfürsten von
Sachsen gegenüber bereits so weit vorgegangen sei; ja,
diese Differenz sei um so beklagenswerther, da England
der Allianz gegen Frankreich wahrscheinlich nicht beitreten
werde und daher die drei Mächte um so mehr bestrebt
sein müßten, unter sich dasjenige System möglichst zu
befestigen, welches ihnen den Grad von Unabhängigkeit
und Einfluß zu sichern verspreche, auf den ihre Situation
ihnen einen gerechten Anspruch gebe"[1].

Weder der preußische Gesandte noch der russische Vice=
kanzler täuschten sich über den wahren Zweck „dieser auf
so sonderbare Weise zu Gunsten des sächsischen Hauses
sich verwendenden Depesche". Der letztere sagte zu Golz, er
habe ganz Recht, wenn er meine, daß der Fürst Kaunitz es

[1] Von diesem Actenstück behauptet Sybel S. 673 seines akademischen
Vortrags ebenso zuversichtlich als irrthümlich, daß es mir nicht zu
Gesicht gekommen sei.

nur darauf anlege, gegen Annahme des russischen Princips in
Polen eine solche Combination der Angelegenheiten dieses
Landes mit den französischen herbeizuführen, daß daraus
eine die drei Mächte gleichmäßig befriedigende Einigung
hervorginge. Und demgemäß handelte Oestreich denn auch
in der That. Während Rußland zu Anfang des Mai=
monats eben in Begriff stand, mit seinen Truppen Polen
zu besetzen, waren die Verhandlungen des Königs von
Ungarn mit Preußen nur darauf gerichtet, der Kaiserin
Katharina nicht die unbedingte Macht einzuräumen, die
polnischen Angelegenheiten allein zu arrangiren, und
um dies zu verhindern, kam er auf das Auskunftsmittel,
daß Oestreich und Preußen gemeinschaftlich die Kaiserin
auffordern sollten, durch eine besondere Convention gegen
sie sich verbindlich zu machen, daß sie in der Folge in
Polen nur im Namen der drei Mächte und dem zwischen
ihnen herzustellenden einmüthigen Concert gemäß sprechen
und handeln wolle. — Dieses Concert wurde durch eine
unterm 15. Mai vom Vicekanzler Grafen Ostermann
an den russischen Gesandten in Wien, Grafen Rasumowski,
gerichtete und abschriftlich auch dem berliner Hof mit=
getheilte Depesche wesentlich gefördert. Zunächst erbot sich
darin die russische Regierung zur activen Theilnahme
an den zwischen den deutschen Mächten verabredeten Unter=
nehmungen gegen Frankreich, wenn gleich sie ihrerseits nur
zu einem äußerst geringen Truppencontingent in der Stärke
von 12,000 Mann Infanterie und 3000 Mann Cavallerie

sich anheischig machen wollte. — Zweitens aber erklärte
sie in Bezug auf den ihr vorgeschlagenen Beitritt zum
Tractat vom 7. Februar, daß sie theils wegen der älteren,
zwischen ihr und Oestreich noch fortbestehenden Verbindungen,
theils wegen des Polen betreffenden Separatartikels
gedachten Tractats, welcher mit den Principien und den
Interessen der Kaiserin unvereinbar sei, es vorziehen
würde, wenn Preußen mit ihr über den Abschluß eines
besonderen und directen Tractats in Unterhandlung träte,
dessen Basis in Bezug auf Polen ebenfalls die früheren
zwischen diesen beiden Mächten bestandenen Tractate bilden
sollten und der übrigens (in Bezug auf Frankreich) sich
den Principien des berliner Tractats vom 7. Februar
würde anzuschließen haben. — Hierauf veranlaßte der
König von Ungarn eine gemeinschaftlich mit Preußen an
den petersburger Hof zu richtende Declaration, welche die
geeignetesten Mittel, alle Interessen auszugleichen, enthalten
und namentlich den deutschen Mächten die ihnen zukommende
Theilnahme an den Maßregeln sichern sollte, welche
schließlich über das Schicksal von Polen entscheiden
würden. — Und um die Erreichung dieses Zweckes um
so rascher zu fördern, erhielt der östreichische Gesandte in
Petersburg, Graf Cobenzl, durch eine Depesche des Fürsten
Kaunitz vom 21. Juni die Weisung, er solle dem Vice=
kanzler die vollkommenste Zustimmung des Königs von
Ungarn zu erkennen geben, hinsichtlich des von letzterem
in seiner Depesche vom 15. Mai vorgeschlagenen Verfahrens,

zufolge dessen Rußland der neuerlich zwischen Oestreich und Preußen abgeschlossenen Allianz vermittelst eines directen und analogen Defensivallianztractats mit der preußischen Krone beizutreten beabsichtige; er möge dabei ausdrücklich erklären, daß indem ein solches zwischen den drei Höfen in Bezug auf die polnischen Angelegenheiten herzustellendes Concert in jeder Hinsicht den hierauf bezüglichen Separatartikel des Tractats vom 7. Februar ersetze, Oestreich auch in diesem Punct der Intention des petersburger Hofs sich durchaus anschließe.

Hiermit war denn der Weg gebahnt, unverweilt die Pläne in Angriff zu nehmen, durch welche die drei Mächte für ihre reactionairen Thaten in Frankreich sowohl, wie in Polen sich zu entschädigen suchten. Die formellen Grundlagen hiezu wurden einerseits durch den Tractat Rußlands mit Oestreich vom 3./14. Juli 1792, andererseits durch den Tractat Rußlands mit Preußen vom 27. Juli/7. August 1792 gelegt. Durch den einen, wie durch den anderen dieser fast gleichlautenden Tractate stellten Oestreich und Preußen in Bezug auf Polen ausdrücklich sich wieder auf den Standpunct der Verfassungs= zustände von 1773 zurück. Der zweite Separatartikel des neuen russisch = preußischen Tractats lautete wörtlich: la Russie et la Prusse „s'engagent réciproquement à poursuivre entre Elles et conjointement avec Sa Majesté le Roi d'Hongrie et de Bohème un concert intime, tendant à effectuer le redressement des innovations, que la Constitution du 3. Mai 1791, établie moitié par force, moitié par surprise a introduites illégalement dans l'ancienne Constitution de la Pologne; sie werden sich gegenseitig wirksam unter= stützen, um in Polen die Regierungsform aufrecht zu halten, welche ihm durch die Reichstage von 1768, 1773 und 1775 gegeben worden; sie kommen namentlich überein, nie zu erlauben, daß ein Anderer als ein Piast den polnischen Thron besteige, noch daß es irgend Jemand freistehe und erlaubt sei, das genannte Königreich zu einem erblichen zu machen oder daselbst eine absolute Gewalt zu erlangen."

Um eben diese Zeit begannen denn auch schon die Verhandlungen über die Entschädigungsobjecte, mit welchen jede der drei Mächte sich zu bedenken wünschte, eine concretere Gestalt anzunehmen. Rußland, welchem Alles daran lag, seinen neuen Raub in Polen außer mit Preußen nicht auch noch mit Oestreich theilen zu müssen, war zuerst damit bei der Hand, letzterem die viel lockenderen, früher durch den teschener Frieden und dann durch den deutschen Fürstenbund vereitelten Aussichten als ein jetzt wohl erreichbares Ziel wieder vorzuhalten. — In einer Unter= redung mit dem östreichischen Staatssecretaire Baron Spielmann (Juli 1792) warf der russische Gesandte, Graf Rasumowski, wie zufällig, die Frage auf, ob der wiener Hof unter den gegenwärtigen Umständen und bei seinem zur Zeit guten Einvernehmen mit Preußen nicht

daran dächte, seinen alten bairischen Tauschplan wieder
aufzunehmen? Als Spielmann, diesen Wink nicht unbeachtet
lassend, hierauf bemerkte, daß dann auch Preußen ein
Aequivalent zukommen würde, fand Rasumowski das ganz
in der Ordnung, und dieser vorläufigen Verständigung
gemäß ließ sofort das wiener Ministerium es sich angelegen
sein, durch den Grafen Cobenzl in Petersburg hierüber
eine positivere Erläuterung zu veranlassen und den Plan
aufs Tapet zu bringen, dem König von Preußen für die
Kosten des französischen Königs die Entschädigung in Polen
zuzusichern. — Friedrich Wilhelm hatte jetzt seinerseits
gegen die Oestreich in Baiern zugedachte Entschädigung,
so sehr sie auch dem System Friedrichs des Großen ins
Gesicht schlug, nichts Erhebliches einzuwenden, und so
waren denn in eben dem Moment, wo die Armeen Oestreichs
und Preußens den französischen Boden betraten, die drei
östlichen Großmächte auf dem besten Wege, vermittelst des
vom Kaiser Leopold durch die Convention vom 25. Juli
angebahnten Reactionssystems auf die sie befriedigendste
Weise sich zu consolidiren. Nur schade, daß diese eigen=
thümliche Methode, für das conservative Interesse sich
zu bethätigen, sich doch nicht so recht probehaltig zeigen
wollte. Weil dieses System ein Mißgriff war, weil die
edelen Motive der Uneigennützigkeit, mit denen es sich
brüstete, in Wahrheit nicht existirten, konnte es auch
unmöglich den Urhebern desselben gute Früchte tragen.
Es ist hier nicht der Ort, näher darauf einzugehen, welche

5 *

Folgen für Oestreich und Preußen im Kampf gegen die Revolution ihre auf dem Boden gegenseitiger Eifersucht fortwuchernden Zerwürfnisse hatten. Nur einige An= deutungen darüber, wie von Rußland diese conservative Allianz von vorn herein nach allen Beziehungen hin nur dazu ausgebeutet wurde, die beiden deutschen Bundes= genossen möglichst zu schwächen und zu übervortheilen, mag der Leser, als lehrreiche Warnung für die Zukunft an dieser Stelle einzuschalten, uns noch gestatten.

Bereits seit der pillnitzer Zusammenkunft hatten, wie wir sahen, sowohl Preußen, wie Oestreich vielfach Ver= anlassung gehabt, sich davon zu überzeugen, daß die Kaiserin von Rußland durch die Combination der französischen Angelegenheiten mit den polnischen nur in ihrem Interesse in Polen sich freie Hand zu machen suche. Dennoch ließen die deutschen Mächte von der russischen Allianz sich nicht zurückscheuchen; sie suchten vielmehr nur im gleichen Princip auch ihre Befriedigung, die sie denn freilich mit den Nackenschlägen der russischen Freundschaft theuer genug erkaufen mußten. — Da der numerisch kaum nennens= werthe Betrag an Truppen, mit welchem die Kaiserin ihre active Theilnahme an dem ersten französischen Feldzug bethätigen zu wollen versprochen hatte, voraussichtlich kaum noch zu rechtzeitiger Verwendung hätte kommen können, mußten die deutschen Mächte statt dieser Bundes= hülfe ein Geldäquivalent von nur 400,000 Rubeln gar noch als einen wünschenswerthen Ersatz sich gefallen lassen.

Nichts weniger als karg freilich zeigte Katharina sich mit Subventionen zu Gunsten der königlichen Prinzen und der emigrirten Aristokratie Frankreichs, aber auch nur, um das unter ihrer Protection herzustellende alte Frankreich durch die Bande persönlicher Dankbarkeit an ihre Politik zu fesseln, und wenn sie den übrigen Mächten unaufhörlich vorpredigte, der Krieg gegen die französische Revolution dürfe lediglich nur zu Gunsten der Legitimität unternommen werden, so war das Hauptziel, welches ihre wohlfeile Großmuth hierbei im Auge behielt, auch wieder kein anderes, als das zu verhindern, daß nur ja die deutschen Mächte es nicht sich sollten einfallen lassen, durch Eroberungen in Frankreich mit dem Uebergewicht, welches sie in Polen anstrebte, gleichen Schritt halten zu wollen. In diesem Sinn stellte der Vicekanzler, Graf Ostermann, bereits in jener Note vom 15. Mai 1792 die beiden Forderungen auf: 1) daß man auf keinen Fall in Unterhandlungen mit der revolutionären französischen Regierung sich einlassen, und 2) daß man nur im Namen der französischen Prinzen und ihres Anhangs handeln solle. — Letzteres wurde mit folgenden Worten motivirt: »il est naturel, que les François bien pensants ou même indécis viennent se ranger avec plus de confiance sous les drapeaux de leurs Princes, que sous · ceux des etrangers. Les soupçons, qu'on chercherait à inspirer sur les vues de conquêtes ou de démembremens, qu' on ne manquera pas d' attribuer au

moins à quelques unes des Puissances coopératives,
ne feront aucun effet sur eux, dès qu' ils verront
ces Princes agir dans un concert intime et insépa-
rable avec ces Puissances. En général, tout ce qui
peut le mieux imprimer à l'entreprise de ces dernières *le caractère d'une subvention généreuse et
désintéressée en faveur de la cause du Roi et de
la Monarchie, ne saura que contribuer au succès et
à la promptitude de l'issue de cette entreprise.*«

Hierauf erwiederte der Fürst Kaunitz in der gleichfalls
schon angeführten Depesche vom 21. Juni: so sehr
Oestreich und Preußen auch in dem Grundsatz mit der
Kaiserin übereinstimmten, daß man nur mit den unter
dem Vorsitz ihres seiner vollen Freiheit wieder genießenden
Königs von der französischen Nation gesetzlich autorisirten
Repräsentanten unterhandeln dürfe, und so wenig sie auch
beabsichtigten, die französischen Prinzen und die Emigranten
bei der künftigen Pacification außer Acht zu lassen, oder
bei den combinirten Kriegsoperationen ihnen eine dem
allgemeinen Zweck, den man im Auge habe, entsprechende
Betheiligung zu versagen, so mache doch die noch fort-
dauernde Inactivität der übrigen Höfe, verbunden mit
der Nothwendigkeit, den Ausgang (issue) zu beschleunigen,
das Voranstellen des Namens und der Sache der Prinzen
und der Emigranten in der von Rußland gewünschten
Weise, zur absoluten Unmöglichkeit. Vielmehr müßten
die Verbündeten darauf bedacht sein, in Bezug auf die

innere Lage Frankreichs die Zurückhaltung zu beobachten, welche am geeignetsten sei, die gemäßigte Partei der Nation zu schonen, und ihre Coalition mit der demokratischen zu verhindern, die unfehlbar erfolgen würde, wenn man die Principien der französischen Prinzen und der Emigranten adoptire. Uebrigens mache der gegenwärtige Zustand eines directen Krieges mit Frankreich es in jeder Beziehung überflüssig, auf diese Streitfrage zurückzukommen (l'état de guerre directe avec la France dispense à tous regards de la nécessité d'y revenir).

Und noch viel deutlicher sprach sich mündlich das preußische Ministerium gegen Alopäus aus (26. Mai): auch ihm wurde bemerklich gemacht, das französische Volk, die Nation in ihrer Gesammtheit, fürchte vielmehr die Unternehmungen der Emigranten als die der fremden Truppen, und schon dies würde vielleicht genügen, die verschiedenen Parteien im Innern zu vereinigen, und eine um so stärkere Wider= standskraft hervorzurufen. Wenn es aber ferner der Kaiserin gefalle, den Erfolg einer Intervention der ausländischen Mächte von einer großmüthigen und uninteressirten Unter= stützung zu Gunsten des allerchristlichsten Königs und der französischen Monarchie abhängig zu machen, so habe der König schon früher der Kaiserin zu verstehen gegeben, daß er die Ausführung des in Rede stehenden Plans nicht auf Kosten seines Volkes würde auf sich nehmen können, und auch jetzt beharre derselbe hierbei: „ohne Eroberungen im Auge zu haben, würde er doch nicht umhin können,

auf Entschädigungen für die bedeutenden, durch seine Coope=
ration bedingten Ausgaben bedacht zu nehmen."

Wir sehen also, Friedrich Wilhelm II. war seit seinem
holländischen Feldzug von dem Princip einer mit leerem
Ruhm sich begnügenden „Großmuth" doch ziemlich
gründlich geheilt, und die kluge Kaiserin bemüht sich
vergeblich, es ihm wieder aufzureden. Auch gingen jetzt
Oestreich und Preußen dem Princip der Legitimität zu
Liebe keineswegs so weit, daß sie eine unbedingte Herstellung
der alten Zustände in Frankreich für nothwendig erachtet
hätten; sie waren offenbar der Einführung einer constitu=
tionellen Regierungsform daselbst nicht abgeneigt, wenn=
gleich vielleicht aus keinem andern Grunde, als aus dem,
welcher Katharina II. angetrieben hatte, in Polen für die
Erhaltung des liberum veto und in Schweden gegen die
monarchische Consolidation Gustavs III. zu arbeiten. Dagegen
beliebte es der letzteren, den deutschen Mächten zum Trotz,
zu Gunsten Frankreichs von vorn herein nur dafür Sorge
zu tragen, daß diese Macht nur ja nicht zu sehr entkräftet
werden möchte. So äußerte der Vicekanzler, Graf Oster=
mann, in einer unterm 21. Juni 1792 an Alopäus ge=
richteten Depesche: „die Kaiserin habe nichts gegen eine
Indemnisation, welche der König von Preußen und andere
Mächte von Frankreich in Anspruch nehmen möchten. Doch
glaube sie der Vermittlung und Erwägung desselben anheim
stellen zu müssen, daß wenn dieses schon seit vielen Jahren
durch totale Desorganisation und Anarchie erschöpfte und

zu Grunde gerichtete Königreich, durch die Last der ihm
bevorstehenden Anstrengungen und Ausgaben noch mehr
niedergedrückt, überdies auch noch durch eine Regierungs=
form sich gefesselt sähe, welche die ihm bleibenden Hülfs=
quellen nicht mit der Energie und Schwungkraft zur
Entwicklung kommen ließe, wie es nach so gewaltsamen
und destructiven Erschütterungen durchaus nothwendig sei,
— daß dann diese Macht in dem allgemeinen Gleichgewicht
schlechterdings gar nicht mehr würde mitzählen können.
Darum scheine es unerläßlich, schon jetzt in Ueberlegung
zu ziehen, bis auf welchen Grad durch die völlige Ver=
nichtung eines so ansehnlichen Staats wie Frankreich das
allgemeine Wohl und die Ruhe Europas beeinträchtigt
werden könne. Lediglich die Lösung dieser Frage müßte
maßgebend sein in Bezug auf die Art und Weise, wie
man bei der entscheidenden Krisis, in welcher gegenwärtig
diese Macht sich befinde, ihr Schicksal und ihren künftigen
Bestand zu firiren haben möchte." [1] — Dennoch war
die Zärtlichkeit der Kaiserin von Rußland für das zu
restaurirende Frankreich keine so unbedingte, daß sie nicht
auch ihm, so gut wie dem deutschen Reich, gewisse Opfer
zuzumuthen bereit gewesen wäre, vorausgesetzt, daß dieselben
mittelbar doch vornehmlich ihr selbst zu Gute kämen. So
berichtet Goltz aus Petersburg (25. September): er sei
gewiß, daß dieser Hof aufs lebhafteste den Plan einer

---

[1] Siehe Beilage VI.

neuen Theilung Polens zu realisiren wünsche, ja er sei überzeugt, daß derselbe, um diesen Zweck zu erreichen, sogar jede Compensation für Oesterreich, sei es auf fran= zösischem Gebiet, sei es durch irgend eine Säcularisation in Deutschland, gut heißen werde, wenn nur dafür Oestreich in Polen die Dinge gehen ließe, ohne an einer dortigen Entschädigung, die ihm ohnehin nicht anstehen würde, sich betheiligen zu wollen. Und unterm 26. October äußert derselbe Berichterstatter auf eben diesen Gegenstand zurück= kommend, der petersburger Hof fürchte nichts mehr, als daß Oestreichs bisherige Acquisitionspläne fehlschlagen möchten, und daß es deßhalb daran denken könnte, gleich= falls in Polen sich zu entschädigen.

Zu eben dieser Zeit fanden in Luxemburg zwischen Preußen und Oestreich die entscheidenden Verhandlungen über die aus Merl datirte Note vom 25. October statt, auf Grund welcher Friedrich Wilhelm die Zustimmung zu dem sowohl für die Kosten seines ersten, wie des nachfolgenden französischen Feldzugs von ihm in Polen in Anspruch genommenen Aequivalent verlangte. Der wiener Hof gab seine Einwilligung hiezu am 10. Dezember 1792. Dem petersburger Hof kamen freilich die als Preis für die fortgesetzte Betheiligung am Kriege gegen Frankreich erhöhten Ansprüche Preußens höchst unbequem, und er zögerte daher auch seinerseits, so lange wie irgend möglich, auf die ihm bereits im November mitgetheilte merler Note eine zustimmende Antwort zu ertheilen, auf Preußens

wie an Oestreich, so auch an Rußland gerichtete kathegorische
Erklärung aber, daß seine Entschädigungsansprüche in Polen
die conditio sine qua non seiner künftigen Theilnahme
an den französischen Angelegenheiten bleiben würden, und
daß, wenn Rußland noch länger dem Einmarsch der preußi=
schen Truppen in Polen seine Zustimmung versagen sollte,
der König weder an die Vorbereitungen, noch an den
Operationsplan einer zweiten Campagne gegen Frankreich
denken würde, entschloß sich nun auch Katharina II.
(11. December), zu einer zweiten Theilung Polens, die
durch den Tractat vom 23. Januar 1793 formell fest=
gesetzt wurde, ihre Einwilligung zu geben; durfte sie doch
hoffen, durch eine schleunige Einigung mit Preußen der
Nothwendigkeit zu entgehen, auch Oestreich, welches damals
noch an der Möglichkeit der Besitzergreifung Baierns fest=
hielt, eine angemessene Befriedigung seiner Prätensionen
in Polen gewähren zu müssen.

Aus solchen Principien des willkürlichen Beliebens und
materieller Gewaltherrschaft heraus erhob das absolutisti=
sche System den Anspruch, sich zum Ordner der europäischen
Civilisation aufzuwerfen. Seine Hohlheit gab der französi=
schen Revolution, weit über ihre nationale Begrenzung
hinaus, im Conflict mit den absterbenden Elementen der
Feudalstaaten eine siegreich vernichtende Kraft, so weit und
so lange es galt, den alten Schutt aufzuräumen, um den
neuen Lebenskeimen Luft und Licht zu schaffen. — Nur
Polen war unrettbar verloren. Es unterlag der brutalen

Gewalt und heimtückischen Politik der drei absoluten
Mächte, ohne wie diese nach den Drangsalen der Revolutions-
stürme sich wieder erheben zu können, theils weil es, seit
Jahrhunderten einem gesunden Wachsthum abgestorben,
von allen Feudalstaaten der innerlich am tiefsten zerrüttete
war, theils, weil auch unter dem Joch der Fremdherrschaft
im Großen und Ganzen sein sich souverain dünkender Adel
für die politische Bildung, welche Gesetz und Freiheit mit
einander in Einklang zu setzen weiß, noch kein werkthätiges
Verständniß gewonnen hatte.

Leider war auch während der ganzen Zeit, in welcher
der neue Vernichtungsact gegen die Republik sich vorbe-
reitete, das Verhalten der herrschenden Partei, deren Führer
die Regeneration angestrebt hatten, nicht so beschaffen, daß
sie wenigstens in der Achtung der Welt und der öffentlichen
Meinung sich zu behaupten vermocht hätte. Diese Partei
spielte, nur um sich so lange wie möglich in der Macht
zu erhalten, ein unwürdiges und falsches Spiel, auch dann
noch, als sie längst davon überzeugt und unterrichtet war,
daß die von ihr der großen Mehrheit der Nation octroyirte
Verfassung schlechterdings von keiner der drei Mächte würde
anerkannt werden. Diejenigen, welche das Ruder führten,
verhehlten ihren eigenen Parteigenossen die wahre Lage der
Dinge, um mit desto glücklicherem Erfolge die ganze Nation
täuschen und mit leeren Hoffnungen an sich ziehen zu
können. So richtete der Fürst Czartoryski (December 1791)
aus Dresden, wo er den Kurfürsten von Sachsen zur

Annahme der Krone bewegen sollte, die bitterste Beschwerde an den Vicekanzler der Krone, daß man ihn und seine amtliche Stellung arg bloß gestellt habe, indem man ihn glauben lassen, Preußen und Oestreich würden allenfalls mit Gewalt Rußlands Widerspruch beseitigen, während man doch bereits in Warschau nicht im geringsten mehr darüber in Zweifel gewesen sei, daß kein großer Hof vom erblichen Thron etwas wissen wolle. Dennoch setzte man diese diplomatischen Kunststücke fast bis zu dem Augenblick fort, wo die russischen Truppen vor den Thoren von Warschau standen. Namentlich ließ der stets charakterlose, jetzt schon fast schwachsinnig zu nennende und leicht einzu=schüchternde König sich zum Werkzeug solcher Machinationen eines unredlichen und doch nur großsprecherischen Patriotis=mus machen. Eine neue ihm vom Marquis Lucchesini am 28. Januar 1792 übergebene Declaration, worin Friedrich Wilhelm ein für alle Mal erklärte, daß er sich einfach nur an seinen am 29. März 1790 mit der Republik abgeschlossenen Tractat halten werde, und daß er mit der Constitution vom 3. Mai, welche die Republik als ihr Werk auch für sich allein vertheidigen möge, nichts zu thun habe, wurde von ihm förmlich unterschlagen, so daß Lucchesini im folgenden Monat sich genöthigt sah, dieselbe Erklärung dem Großgeneral Branicki, den sämmtlichen Mitgliedern des Straz und mehreren Senatoren und Land=boten nochmals zu wiederholen. Inzwischen erreichten denn freilich die Machthaber ihren Zweck, daß die Landtage, bethört durch den Glauben, der Kurfürst habe die Annahme der Krone zugesagt, getäuscht durch das absichtlich passive Verhalten Rußlands, von polnischen Truppen bedroht, und in Furcht gesetzt durch das jeden Protest unter den härtesten Strafen verbietende Reichstagsgesetz, jetzt endlich sich für die Annahme der Constitution vom 3. Mai erklärten, wenngleich nur, um von ihren leichtfertig geleisteten Eiden in kürzester Frist eben so leichtfertig und unbedenklich sich wieder loszusagen.

Und als nun die ernste Stunde der Gefahr herannahte, behielten nicht einmal Diejenigen den Kopf oben, die sich selbst in den letzten Jahren mit so kecker Zuversicht der Nation als die Säulen des Vaterlands dargestellt hatten. Schon zu Anfang des Aprilmonats (1792) war man in Warschau sehr wohl von den feindseligen Plänen unter=richtet, welche am petersburger Hof die Grafen Branicki, Felix Potocki und Severin Rzewuski nebst Genossen gegen das Constitutionswerk vom 3. Mai schmiedeten. Man wußte, daß sie mit dem General Subow, dem Günstling der Kaiserin und mit dieser selbst sich in persönliche Be= ziehungen gesetzt hatten, um mit russischem Beistand der von ihnen zu bildenden Gegenconföderation über die zur Zeit noch in ihrem Vaterland herrschende Partei den Sieg zu verschaffen. Wie aber suchten sich nun die warschauer Patrioten gegen diese Gefahr zu schützen? Wie immer, auch jetzt wieder nur durch geräuschvolle Beschlüsse, denen es zu ihrer Vollziehung an jeder nachhaltigen Kraft fehlte.

Sie legten in der Reichstagssitzung vom 16. April 1792
dem König eine fast unumschränkte, dictatorische Gewalt
bei, ein Beschluß, der in Betracht der unselbständigen
Persönlichkeit Stanislaus Augusts von Seiten der eigent=
lichen Machthaber und Führer aus keiner anderen Absicht
hervorgegangen zu sein schien, als aus der, die Schuld
von dem, was sie selbst zur rechten Zeit zu thun unter=
lassen hatten, und was jetzt zu thun zu spät war, auf
die bequemste Weise von sich abzuwälzen, und allein dem
ohnmächtigen Haupt der zerrütteten Republik aufzubürden.
Nicht minder trügerisch und erfolglos war ein zweiter
am 21. April vom Reichstag gefaßter Beschluß: nun
endlich die schon so oft decretirte Vermehrung der Armee
bis auf 100,000 Mann wirklich in Ausführung zu
bringen. — Diese verzweifelten Maßregeln wurden von
allen fremden Gesandten als der Anfang des Untergangs
der polnischen Republik angesehen; der preußische über=
reichte am 4. Mai eine Note, durch welche Friedrich
Wilhelm sich von jeder Verbindlichkeit lossagte, die Republik
zu unterstützen, falls dieselbe es unternehmen wolle, die
neue Regierungsform und die erbliche Succession mit den
Waffen zu vertheidigen; der englische, Hailes, gab wieder=
holt in den an sein Ministerium gerichteten Depeschen
dem Bedauern Ausdruck, daß Polen den einzigen Weg,
auf dem es aus seinen Calamitäten sich hätte heraus=
reißen können, nämlich den, eine auf Handelsfreiheit sich
gründende commercielle Verbindung mit England und

Preußen einzugehen, nicht habe einschlagen wollen; dabei aber vermochte freilich auch er seinen Unmuth, seinen Ekel und Abscheu vor dem unwürdigen Benehmen, mit welchem die ganze Nation vom Höchsten bis zum Niedrigsten zunächst der russischen Gewaltherrschaft sich fügte und preisgab, nicht zu unterdrücken.

Der Erlaß jener berüchtigten Declaration der russischen Kaiserin vom 18. Mai, durch welche Katharina im Namen und unter dem Deckmantel der verrätherischen Conföderation von Targowice der Republik den Krieg erklärte, brachte in Warschau sofort einen erschütternden Eindruck hervor. — Wir werden den Vertreter Englands unter allen andern Gesandten wohl mit Fug und Recht für den zugleich unbefangensten und unparteiischesten Berichterstatter über die für die Existenz Polens verhängnißvollen Ereignisse ansehen dürfen, die jetzt vor seinen Augen sich vollziehen sollten. Dennoch weiß auch er, wie gesagt, über das Unglaubliche, was er sah, sich kaum zu fassen. So heißt es in einem Bericht desselben an den Lord Grenville vom 6. Juni: „Alle diejenigen, welche hauptsächlich an der letzten Revolution gearbeitet hatten, haben unter verschiedenen Vorwänden entweder bereits das Land verlassen, oder sie bereiten sich dazu vor, so daß der König von Polen, theils auf seinen eigenen Wunsch, theils in Folge des panischen Schreckens, welches seine Freunde über die Annäherung der russischen Armee ergriffen hat, jetzt schon fast ohne Conseil ist." — „Das Ende dieser Intrigue

(der Revolution vom 3. Mai) ist der Art und Weise
würdig, mit welcher sie begonnen und weiter geführt
wurde." „Ich unterlasse es, die Beispiele von Betrug,
Falschheit und Hinterlist, die einem täglich von den Haupt-
personen auf dieser Schaubühne geboten werden, ausführ-
licher mitzutheilen, aus Furcht das decorum, welches ich
der Correspondenz mit Ew. Lordschaft schuldig bin, zu
verletzen." Und vier Tage nach dem schmählichen Ueber-
tritt des Königs zur Tangowicer Conföderation läßt Hailes
weiter sich folgendermaßen aus (25. Juli): „So, mein
Lord, hat die gefeierte Constitution vom 3. Mai geendet,
in Bezug auf welche meine Wahrheitsliebe mich zu sagen
zwingt, daß wenn wir des Leichtsinns und des Mangels
an Vorsicht eingedenk sind, womit sie gemacht wurde, der
Falschheit und der kindischen Mittel, womit man sie
unterstützte, des schwächlichen und geistlosen Verfahrens,
wie man sie vertheidigte und der übertriebenen Lobpreisungen‘
die ihr in den meisten Ländern Europas gespendet wurden,
daß, sage ich, alles dieß zusammengenommen, viel dazu
beitragen wird, die polnische Nation oder wenigstens die
Urheber dieser Revolution in Mißachtung zu setzen."

Auch der Heldenmuth und wahre Patriotismus eines
Coscinszko vermochte weder die unvermeidlichen Niederlagen
der undisciplinirten polnischen Truppen zu verhindern,
noch den Makel des Kleinmuths und eines niedrigen
Egoismus zu übertünchen, von dem eine große Zahl der

Offiziere sich nicht reinigen konnte. Nach dem unglücklichen
Gefecht von Dubimka (18. Juli) vernahm man in
Warschau täglich von neuen Beispielen der schlechten Auf=
führung vieler Individuen während dieses letzten kurzen
Kampfes mit der russischen Uebermacht. Nicht weniger
als drei Generale unterlagen der schweren aber nur zu
begründeten Anklage der Feigheit und einer der des Verraths.
Sicher, ruft Hailes aus, hätte Rußland nicht einer so
großen Macht bedurft, um eine von solchen Männern
vertheidigte Constitution über den Haufen zu werfen!
Aber die kaum unterdrückte Verachtung erstickt in ihm
doch nicht das Mitleid; vielmehr wird dieses durch das
Gefühl der Entrüstung über die barbarische Rohheit des
Russen nur um so stärker wieder angefacht, und so
gelangt er zu dem beherzigenswerthen Ausspruch: „am
niederschlagendsten ist bei all' diesen Ereignissen die Be=
trachtung, der man sich nicht erwehren kann, daß ein so
großer Theil von Europa, dessen Einwohnern keine anderen
Fehler Schuld zu geben sind, als solche, welche die Folge
einer schlechten Regierung sind, nun unwiderruflich in
Barbarei und Verachtung zurückgeworfen sein soll, denn
man darf wohl sagen, daß die Polen nicht unterdrückt
worden sind, weil sie schlecht sind, sondern daß sie schlecht
sind, weil man sie unterdrückt hat.“

Diesen Ausspruch werden wir freilich nicht zu Gunsten
der Polen in seinem vollen Umfang als wahr und richtig

anerkennen dürfen. Denn die Erbübel des polnischen Staatswesens hatten unstreitig durch die eigene Schuld der Nation, durch die Käuflichkeit des niederen Adels, durch den souverainen Hochmuth der Magnaten und durch die äußerst mangelhafte politische Bildung des einen wie der anderen bereits einen solchen Höhegrad erreicht, daß die selbständige Fortdauer dieser Republik kaum noch als möglich erschien, weil nach weltgeschichtlichem Gesetz nur dem geholfen wird, der mit heiligem Ernst selbst sich zu helfen bestrebt ist, während umgekehrt die Polen durch ihren Leichtsinn und durch ihre Zwietracht die sie ver= nichtende Eroberungssucht der fremden Mächte muthwillig herausforderten, und das zu einer Zeit, wo das System der Reaction so wenig wie das der Revolution einer normalen Entwicklung der nationalen Selbstbestimmung irgendwie die gebührende Rücksicht und Anerkennung zu Theil werden zu lassen geneigt war. Diese Systeme haben in dem Zeitraum von nunmehr siebenzig Jahren seit der Convention vom 25. Juli 1791 beide, je ein= seitiger und schroffer sie in Anwendung gebracht wurden, um so furchtbarer sich gerächt. Als Frucht der bitteren hüben und drüben gemachten Erfahrungen scheint in unseren Tagen eine erleuchtetere Politik im europäischen Staatensysteme sich Bahn brechen und befestigen zu sollen. Und so dürfen wir denn wohl getrost der zuversichtlichen Hoffnung uns hingeben, daß vor allen auch unser deutsches

6*

Vaterland, eingedenk dessen, was es seit den Revolutions=
kämpfen gefehlt und gebüßt hat, fort und fort der großen,
zumal in kritischen Momenten der europäischen Politik
um so dringlicheren Aufgabe, mannhaft nachkommen wird:
nach innen, wie nach außen in die Verfassung sich zu
setzen, welche die Bedingungen der freien Entfaltung seiner
nationalen Kräfte und der ihm gebührenden Machtstellung
auf die dem unabweislichen Bedürfniß der Gegenwart
entsprechendste Weise zu erfüllen geeignet ist.

―――――

# Beilagen.

## I.

Ewart fügt seinem Bericht vom 31. Mai 1791, welcher die dem Obersten Bischoffswerder nach Mailand mitgegebenen Instructionen enthält (s. meine Geschichte Rußlands VI, 425 — 428) schließlich folgende Bemerkung hinzu: His Prussian Majesty — directs Colonel Bischoffswerder cautiously to avoid entering into a discussion of the above mentioned articles and to adapt his explanations to those of the Alliance (mit England und Holland), until the interview (zu Pillnitz) takes place, and for the same reason he is to give nothing in writing, unless there be a perfect reciprocity on the part of His Imperial Majesty. — Such beeing the nature of Col. Bischoffswerder's instructions and the last mentioned article having been re-inforced by His Prussian Maj., it appears most probably that nothing will be concluded before the interview, and that at all events will take place very soon. Thé King of Prussia relies much on the effects of it, but should he be disappointed, he conceives the Emperor's dignity will be more committed than his, and that he will always gain a great deal by bringing things to a positive decision, which I have every reason to believe the King wishes to manage so, *as to leave the Emperor without any alternative, but that of becoming either his Ally, or his enemy.* — It is conceived also, that the interview will have a great effect in alarming and disconcerting the Empress of Russia, etc.

## II.

1. Aus Ewarts Bericht Nr. 41, Berlin den 4. August 1791.

On the 1st inst. I had a long confidential conversation with Count Schulenbourg, who began by repeating, what he had mentioned to me more than once respecting the view of the two Imperial Courts to disunite the Allies and particularly the insinuations. the Emperor was continually making to Col. Bischoffswerder against England. His Imperial Maj.'s chief accusations were drawn from what had happened in the transactions with Russia, in which, he said, England had committed the King of Prussia in the most unpardonable manner, besides putting Him to an enormous expence for no purpose, and

He inferred from this and other imputations, that His Prussian Maj. could never rely on receiving any effectual support from His present Alliance. — — Wir kamen dann auf Polen zu sprechen, and Count Schulenbourg expressed much satisfaction at the Emperors having engaged, that the guarantee of the integrity of that Republic should constitute a stipulation of the new system to be established with the Allies and to which Russia was to be invited to accede, aber es sei kaum zu erwarten, daß eine solche Garantie sehr effectful sein werde gegen die ambitious projects of Russia, for the execution of which she had now stronger temptations and more prospect of success than ever; that the advantageous establishment, that power had obtained on the Black Sea, would naturally call its chief attention to that Quarter, and confirm the idea of fixing there the Seat of Empire; that in this case the Emperor, whatever His real wishes or intentions might be, not having the means of stopping the progress of Russia, would be obliged to join in some plan of partition, in which the Prussian Minister confessed, that this Country might be under the necessity of concurring, as it could not prevent its execution. Count Schulenbourg reverted to what he had mentioned to me on receiving the last answer of Russia, relative to the influence both political and commercial. that Court would now acquire over Poland and Turkey. particularly by having the protection of the navigation of the Dniester. — —

I next discussed with Count Schulenbourg the affairs of France. He confessed, that in consequence of the solicitations of the Emperor through Col. Bischoffswerder, who is himself a zealous advocate for the Counter-Revolution, His Prussian Maj. had committed Himself in His last explanations with the Emperor beyond what had been intended. He then shewed me the last instructions sent to Baron Jacobi. as they had been reinforced. which Count Redern will have communicated to Your Lordship, and he gave me his word, that they contained every thing. that had passed. This lad to a full discussion of the business. and particularly of the eventual plans of the operation. Count Schulenbourg had acquainted me, that the Duke of Brunswick had proposed, that His Prussian Maj. should in no case furnish beyond His Quota as state of the Empire, but that His Maj. had rejected this idea, as it would commit the honor of His arms and that therefore, should the Emperor propose to employ a strong force Himself. the King would be inclined to add one proportional to the difference of their interests in the affair. but he repeated, that His Maj. would come under no positive engagements, till He knew the sentiments of my Court. We next considered the two cases stated in the secret dispatch to Baron Jacobi of the combination to restore the French Monarchy succeeding or failing. Count Schulenbourg thinks it would be impossible to subdue France by foreign powers and that the attempt would contribute to unite and strengthen the different parties. But supposing it to be otherwise, he conceives each of the powers concerned would require an indemnification for their expences. He thinks the same thing would happen in the case of their failing, as some conquests would always be made, particularly that of Alsace and probably Loraine, and that the Emperor would be disposed to keep these Provinces, after restoring their rights to the Princes of the Empire. The King, his Master, would then, he observed, be obliged to require an equivalent and his great object would be to obtain the Austrian part of Upper-Silesia. Some arrangement with the Elector Palatine was likewise alluded to, by which He might receive a compensation in the Netherlands, equal to the cession of the Dutchies of Juliers and Bergues to Prussia. The Prussian Minister agreed, that it was the interest of this Country as well as of England and Holland, that the Netherlands should remain in the possession of Austria, but he seemed to think, that such an arrangement as that just alluded to, might be advantageous to the system of the Allies.

The day after I had this conversation with the Prussian Minister, Mr. Jackson learnt from indirect source, that Col. Bischoffswerder had actually settled a convention at Vienna for an effective plan of operation relative to French affairs, and that, having transmitted it to the King, His Maj. had just sent it back to be signed, that the principal stipulations were, that the Emperor should march 60,000 men and the King of Prussia add 25,000; that after taking Alsace and Loraine the Prussian troops should remain there and the Austrians penetrate into the interior provinces of France and that the Emperor was bound to indemnify His Prussian Maj. in every case. — Denſelben Abend ſagte mir Baron Rolle, who is employed here by Count d'Artois, gleichfalls, daß Oeſtreich 60,000 Mann als ſeine Quote ſtelle und Preußen 25,000. — Ewart äußerte gegen Schulenburg die Beſorgniß, daß Preußen ſich in die franzöſiſchen Angelegenheiten tiefer eingelaſſen, als er es nach ſeinen (Schulenburgs) Mittheilungen annehmen zu müſſen geglaubt habe; er fürchte, daß Oeſtreich Preußen von England trennen wolle. Darauf erwiderte Schulenburg, er habe ihm (Ewart) Alles geſagt, was er wißte; im weiteren Verlauf der Unterredung geſtand er

indeſſen, that that gentleman (Biſchoffswerder) had
negociated entirely unknown to him a preliminary
convention of Alliance and had even signed it along
with Prince Kaunitz, but that His Prussian Maj.,
who had just received it from Vienna, had declined
ratifying it, till every thing was finished at Sistova.
Jm Verlauf des Geſprächs I found, that General
Bouillé had transmitted a plan here, of which Count
Schulenbourg give me the inclosed copy, and it
would appear, that the persons, from whom Mr.
Jackson got his information, had confounded this,
to which no attention had ever been paid here,
with some idea of the other convention. The
Prussian Minister offered to state immediately to
the King, what had passed and to ask permission
to communicate to me the convention received from
Vienna and whatever might relate to the affairs
of France. — — His Prussian Maj. told me Himself,
last night, that He understood other powers were
endeavoring to sow division between Him and the
King, daß indeſſen Alles das auf ihn keinen Effect machen
werde, er habe nie erwartet, daß der König von England
in Bezug auf Frankreich mehr thun werde, als to observe
a neutrality, — that He had made the proposals
to the Emperor I was acquainted with, but had
settled nothing and waited the result. Count Schulenbourg has just communicated to me, by the King's

order, the inclosed copy of the convention signed by Col. Bischoffswerder and Prince Kaunitz, indem er wiederholte, daß der König sie nicht ratificirt, aber Bischoffswerder angewiesen habe, to testify His general approbation of it to the Emperor. — Schulenburg sagte, er wolle sich bemühen den Inhalt dieser Convention zu modificiren, vornehmlich den Artikel, welcher betreffe the mutual interference to suppress commotions in the respective dominions. — — He approved much of the article respecting Poland and of the positive terms in which it is conceived. — — On my asking Count Schulenbourg, what he thought His Prussian Maj. would do, if the Emperor, satisfied with the neutrality of England, offered to employ measures of force, whether the King of Prussia would furnish such a Corps of troops as that before mentioned, he said, his own private opinion was, that He would cooperate with His Imp. Majesty. — The Prussian Minister added, that he had advised His Majesty to follow the line of conduct adopted by England, but that he perceived, His attachment to the common cause of Sovereigns prevailed. — I asked Count Schulenbourg, if, the prospect of the Emperor being much more embarked than this Country and of the embarassements, that might result to Him from thence might not influence the conduct of His Prussian Maj. together with some idea of acquisition.

He answered, that he had every reason to believe, that these motions had no share in the Kings determination, tho' they might appear the best inducements to many Prussians, and he appealed to me, how very impopular the knowledge of any connection with Austria would be in this Country. I take this opportunity, to observe upon what Lord Elgin mentions of the raising the power of the Austrian party here, that none exists, nor do I conceive, that Col. Bischoffswerder, with all his new zeal will be able to make any converts of consequence.

2. Aus Ewarts Bericht Nr. 44, Berlin den 8. August 1791.

Ewart hatte häufige Unterredungen mit dem Grafen Schulenburg, besonders über den Theil des wiener Prä= liminartractats vom 25. Juli, welcher festsetzte, daß Rußland gleich nach Herstellung des Friedens mit der Pforte zugleich mit den beiden Seemächten und dem Kurfürsten von Sachsen zum Beitritt eingeladen werden sollte. The Prussian Minister readily admitted, that this was directly contrary to what had been agreed upon with regard to the manner of negociating with the Emperor, and that the object of the Court of Vienna could only be to disunite England from Prussia. daß er jedoch nicht dafür gut sagen könne, daß dieser Artikel bei der Ratification verändert werde. After much conversation on this subject, it was agreed, I should present a note to be laid before His Prussian Maj., in order to procure the satisfaction just mentioned. I have accordingly done this, but Baron Schulenbourg told me in confidence, he was afraid, I should get no positive answer from His Pr. Maj. till the return of Col. Bischoffswerder from Vienna, as both, he (Baron Schul.) and the King, were equally ignorant of what had passed between Col. Bisch. and the Austrian Ministers with respect to the convention and to other transactions. He gave me his word of honor, that this was the case and that, though the King had authorized Col. Bisch., to sign a previous and separate convention without consulting Him, on the general principles contained in the articles, yet no projet of it had been seen by the King before it was transmitted to Him signed. But Baron Schul. confessed, that His Majesty's confidence in colonel Bisch. was so great, that it would be very difficult to set aside, what he had done. He was satisfied, that the King of Prussia is not aware of the consequences of this Article, but he supposes, Col. Bisch. agreed to it, from the Court of Vienna having insisted, that if Great Britain was to be a principal party, Russia should be so likewise, which he conceived to be equally objectionable. In the course of the different conversations, I have had with the Prussian Minister on this subject, he has betrayed strong signs of uneasiness and embarrassment. in consequence of the convention having been made in such a manner and of the cordial intercourse between Col. Bisch. and the Austrian Minister. His ignorance of these transactions makes him timid and irresolute on every thing, that concerns Austria.

3. Aus Ewarts Bericht Nr. 45, Berlin den 9. August 1791.

I am sorry to acquaint Your Lordship, that from the whole of my conversation with the Prussian Minister and especially from what I could collect in it of the King's sentiments and language on His separate negociation with the Emperor, He seems no longer to consider *any concert or concurrence of His Maj. as necessary, or that the system of the Alliance is to be kept up on the footing it has been hetherto.* Count Schulenbourg mentioned to the King, that I had expressed great apprehensions, that if the Alliance with the Emperor were negotiated in the manner, stated in the convention, the *consequences might be very dangerous and even fatal to our system.* His Maj. had expressed, that He himself had a different opinion, but from what I could discover, in terms, which betrayed ill humour and embarrassment. Your Lordship will be sensible, that the circumstance of the convention being actually signed, makes it much more difficult, than it woul l be otherwise. to engage the King of Prussia to make alteration in it. Count Schul. has repeatedly given me his word of honor, that he knew nothing of it, till he saw it signed. and that His Prussian Maj. was in the same situation. But he admitted, that Col. Bisch. would never have ventured to go such lengths. without being assured of the King's sentiments on the subject. and that it is probable therefore, he may have gone still further. M. de Schulenbourg and General Moellendorff are almost the only persons here, who are acquainted with the business or who have any influence and they are both dissatisfied with the whole of it. and I am convinced, not one native of the Country will approve of it. a circumstance of no small consequence, notwithstanding the nature of the Government. The army in particular will suffer from it in various ways. I need not observe to Your Lordship, that the case would have been very different in this, as well as in other respects, *had the Emperor only acceded to the system of the Allies.* From Count Schulenbourg's language respecting the interview and from the questions, he put to me relative to my intentions to going to it,

I have reason to suspect, that neither Her Prussian Maj., nor the Emperor now wish, that I should be present, which confirms me in my resolution, to wait for Your Lordship's instructions and not to quit the place, before I receive them.

4. Aus Ewarts Bericht Nr. 47, Berlin den 9. August 1791.

— But His Prussian Majesty's eagerness to take an active part in French affairs increases and He has given such positive assurances to the French agents here, that they rely on vigorous measures being taken this season.

5. Aus Ewarts Bericht Nr. 49, Berlin den 16. August 1791.

Schulenburg ist entschlossen, to stand or fall in supporting the Alliance of this Country with England, and in preventing the King, his Master, from becoming subordinate to the Emperor, which he agrees would be the inevitable consequence of things going on their present train. — Tho' I have not yet had an opportunity of conversing fully with Lord Elgin, the information I have already received from him has been of great use in enabling me, to induce the Prussian Minister to open himself to me without reserve. I beg leave to refer Your Lordship to Lord Elgin for the particulars of the late transactions at Vienna, observing only, that they clearly prove, Col. Bischoffswerder to have been duped by the Emperor and His Ministers and that they rely on having the King of Prussia thro' him entirely at their direction. — Count Schul. did not hesitate to admit these conclusions and that this Country would be ruined, if the separate convention were not corrected by the general treaty being negociated with the concurrence of England on proper principles, which he said he hoped might yet be managed. But he confessed, that it is probable, the separate convention will be ratified at Pillnitz, and he said he was afraid, the King of Prussia would be engaged by the Emperor in French affairs beyond his intention; he said, he now knew for certain, that His Imp. Maj. and His Ministers relied on making His Prussian Maj. act the first part in the measures of force now proposed to be adopted in French affairs, but that His Maj. was fully aware of this and he thought, would never consent to it, though He might be induced to agree, to furnish 40,000 men, if the Emperor would employ double that number. But Count Schulenbourg treated the whole of this as an object of very inferior importance to that of concluding a separate treaty of Alliance between Prussia and Austria *on the principles, which have directed the negociation at Vienna and all the late transactions between Colonel Bischoffswerder and the Austrian Ministers*, etc.

6. Aus Ewarts Bericht Nr. 53, Berlin den 29. August 1791.

I found the Prussian Minister in a state of the greatest perplexity and depression of spirits. He complained much of the hardship of his situation and of the treatment he received from the King, who had made no communication to him, of what He intended to do at Pillnitz, and that General Bischoffswerder had only written a short and ministerial letter, saying that His Maj. had taken Prince Hohenlohe with him, because he was destined to command the Corps to be employed in French affairs, concerning a plan, that with respect to them was to be the object of the interview, etc. etc. — — I need not observe to Your Lordship, how much the present intention and prospects of this Country confirm the expediency of Your Lordship's plan of leaving it to itself. — — Nor is it necessary for me, to mention the consequences, which may be expected to result, as mentioned in my letter No. 51, from His Prussian Majesty's having lost all confidence both in our Alliance and in his own resources.

### III.

1. Aus der Instruction Lord Grenvilles an Sir Robert Murray Keith in Wien, Whitehall den 19. September 1791. — Bei Ihrer Rückkehr von Sistova werden Sie

7 *

durch Herrn Stratton unterrichtet worden sein von dem Inhalt der zu Wien am 25. Juli von dem Fürsten Kaunitz und dem General Bischoffswerder unterzeichneten Convention, deren Ratificationen seitdem ausgewechselt worden sind, so wie auch von dem Inhalt der zu Pillnitz von dem Kaiser und dem König von Preußen selbst unterzeichneten Declaration, bezüglich der französischen Angelegenheiten. With respect to the last of these two points His Majesty is pleased to direct, that You should agreeably to the promise, contained in His Majesty's letter to the Emperor, explain in the most distinct and inequivocal manner His Maj.'s sentiments and intentions, if such explanation should be asked of You by the Austrian Ministers. During the whole course of the troubles, which have so much distracted the Kingdom of France, His Maj. has observed the most exact and scrupulous neutrality, abstaining from taking any step, which might give encouragement or countenance to any of the parties which have prevailed there, or from mixing himself in any manner whatever in the internal dissentions of that Country. It is His Maj.'s intention still to adhere to this line of conduct, unless any new circumstances shoud arise, by which His Maj. should be of opinion, that the interests of His subjects would be affected and even in that case any measures to be taken by His Maj. would be directed to that

object only. With respect to the concert, which
has been proposed to His Maj. and to other
powers by the Emperor, or to the measures of
active intervention, which appear to have been in
contemplation for the restoration of the French
Monarchy, either on its former footing, or at least
in a state of more dignity and authority that at
present, the King has determined, not to take any
part either in supporting or in opposing them. — —
It remains for me, to speak to You of the late
convention of Vienna between His Imp. Maj. and
the King of Prussia. You will learn from Mr. Stratton
the manner in which this convention was concluded,
*without the participation of His Maj. and the con-*
*tradiction, which existed between the conduct of* ˙
*Mr. Bischoffswerder in that respect and the assu-*
*rances, which His Maj. was receiving from the*
*Court of Berlin of confidence and concert with*
*relation to that business.*

— — Jn dieſer Convention wird Erwähnung gethan
of the accession of His Maj. and other powers to
that convention or to the Alliance to be concluded
in conformity to it; ich habe ſchon Ewart aufgetragen,
den preußiſchen Miniſtern zu erflären, daß Se. Maj.
gewünſcht hätte, that this part of the convention had
been omitted, because He certainly cannot accede
to engagements, which so very far depart from any
ideas of alliance, which He had ever entertained.

2. Graf Loß schreibt unterm 19. September 1791
aus Dresden an den kursächsischen Gesandten in Wien,
Grafen Schönfeld: Malgré la clause finale de la
déclaration signée le 27. d. p. relativement aux
affaires de France —, le Roi de Prusse prend aussi
peu de mesures préparatoires, que selon la dite
(avant-dernière) dépêche (de Mr. de Martens) on
en remarque dans les États de l'Empereur. Ceci
prouve de plus en plus, que les deux Monarques
semblent vouloir attendre, que l'un en donne
l'exemple à l'autre, indépendamment de la connoissance préalable, qu'ils veulent avoir des déterminations des autres puissances pour fonder là-
dessus un concert commun.

3. Unterm 1. October 1791 berichtet Graf Schönfeld
aus Wien, die französischen Aristokraten hätten häufige
Unterredungen mit dem Staatskanzler Fürsten Kaunitz,
welcher au reste ne semble point se refuser à leurs
empressemens, en continuant au contraire à redoubler
d'attentions pour la famille des Polignacs et en ne
se cachant pas, que le but et la vigueur de la
déclaration de Pillnitz ne continuassent à rester
toujours les mêmes, malgré l'acceptation de la
signature de S. M. T. C. de la nouvelle constitution.

## IV.

1. Bereits unterm 18. Oct. 1791 berichtet Graf Schönfeld aus Wien: quelques personnes eclairées prétendent, que ce revirement subit et de bonne augure pour les intérêts des Princes françois emigrés ne doit être attribué qu'aux dernières insinuations parvenues ici de Petersbourg et que Cathérine II. persévérant dans sa résolution clairement annoncée, de vouloir leur prêter son appui au cas, que d'autres Cours vouloient y concourir, a trouvé le secret de revivifier les mêmes intentions dans Léopold II. et Frédéric Guillaume II, que ces deux Souverains paroissoient avoir abandonné depuis l'acceptation de la nouvelle constitution, prévoyant peut être que la situation des affaires en France pourroit sous la *présente seconde législature,* qui vient s'établir d'une manière à n'en pas faire présumer absolument un rétablissement prompt et salutaire de l'ordre des choses, *nécessiter leur intervention efficace.* Telle est au moins l'opinion, qu'on en nourrit généralement ici, etc.

2. Aus dem Plan, den Leopold unmittelbar nach der Pillnitzer Zusammenkunft allerdings mit Eifer betrieb, seinen Truppenbestand möglichst zu reduciren, läßt sich noch keineswegs schließen, daß er den Kampf mit der Revolution um jeden Preis habe vermeiden wollen, sondern

nur, daß er, da jedenfalls für den bevorstehenden Winter
der Ausbruch des Krieges noch nicht zu befürchten stand,
einstweilen wenigstens jede mögliche financielle Ersparniß
der erschöpften Staatscasse wollte zu Gute kommen lassen.
In dieser Beziehung sind folgende Mittheilungen des
Grafen Schönfeld beachtenswerth: a) Wien den 27. Sep=
tember 1791: cette tournure évasive à Berlin
(diese Abneigung Preußens auch seinerseits einen ähnlichen Reductionsplan in Ausführung zu bringen) —
ne laisse pas que d'embarrasser beaucoup le
Ministère d'ici, à qui par les notions, qu'on a de
l'état d'épuisement de ses finances, il importe
essentiellement d'exécuter le dit projet de réforme.
— — — Du depuis il doit encore avoir été question
au Conseil aulique de guerre d'ici d'un nouveau
plan d'économie et de réforme, qui outre la réduction
de 20. hs. par compagnie doit s'étendre également
à la suppression de plusieurs États majors et par
conséquent à l'incorporation d'un régiment dans
l'autre. Quelque sensible, que puisse être l'épargne,
qu'on se procureroit en exécutant ce dernier plan,
l'on présume cependant, qu'il est sujet à trop
d'inconvéniens pour qu'il puisse être adopté par
S. M. l'Empereur, vu que ce Monarque, ainsi que
Joseph II. dans la dernière année de sa vie, ont
fait de leur propre chef une quantité si considérable
d'officiers de tous rangs, qu'il faudra au moins une

quinzaine on vingtaine d'années, avant qu'ils puissent tous entrer en activité, de sorte que l'entretien de ces individus, qu'on ne leur saurait refuser sans injustice, réduiroit l'épargnement susdit à bien peu de chose. Il résulteroit de tout ceci, qu'on ne paroit pas encore avoir adopté une idée fixe relativement à ce projet d'économie et que tous les plans, qu'on pourra proposer successivement à cet égard souffriront encore bien de contradictions, avant qu'on ne parvienne d'établir un système solide, ou qu'on ne cherche pas par d'autres moyens de faire face à l'excédant des dépenses, en cas que le refus de S. M. Prussienne de ne vouloir pas entreprendre également une réforme dans ses troupes, n'obligea la Cour d'ici, de renoncer entièrement à cette idée.

In demselben Bericht heißt es weiter, der Fürst Kaunitz habe am gestrigen Abend in seinem Cirkel eine sehr lange Unterhaltung mit der Herzogin von Polignac gehabt: et j'ai cru lui avoir entendu dire — les choses les plus consolantes sur les intentions de l'Empereur envers son auguste soeur et sur l'efficacité du secours, qu'il lui prêteroit.

b) Wien den 30. Sept. 1791: En attendant l'on procède à donner nombre de congés illimités à tout soldat *engagé par capitulation* en leur enjoignant cependant, de se tenir toujours prêts à pouvoir se

rendre à leurs drapeaux respectifs au premier ordre.
Cette opération provisoire doit, à ce qu'on assure,
produire une epargne assez considérable.

c) Die Finanznoth war so groß, daß man bloß aus
diesem Grunde zögerte, 6000 Mann, welche die Grenzen
in Vorderöstreich decken sollten, sofort auf den Kriegsfuß
zu setzen. Schönfeld berichtet hierüber, Wien den 14. Januar
1792: un officier général, jouissant de la confiance
du Monarque, m'a assuré, que la pénurie d'argent
obligeroit de réfléchir plus d'une fois, avant que de
prendre des résolutions pareilles.

d) Inzwischen sah der friedliebende Leopold dennoch in
den letzten Wochen und Tagen vor seinem Ende sich
genöthigt, ernstere Maßregeln zu ergreifen. So schreibt
Schönfeld, Wien den 22. Februar 1792: Je puis en
attendant confirmer à V. Exc., que — la Cour de
Vienne paroit effectivement vouloir faire mettre en
mouvement une armée plus considérable, en cas,
que les affaires avec la France ne s'arrangent point
à l'amiable. D'après la liste ci-jointe très exacte
et authentique, rédigée par le M<sup>al</sup> de Lacy, cette
armée sous les ordres du Prince de Hohenlohe
seroit composée de 44,000 h., indépendamment du
Corps des 6000 hs., qui est dans ce moment ci
déjà en pleine marche. Und ferner Wien den 25. Febr.
1792: Depuis quelques jours les opinions et con-
jectures sur une rupture avec cette puissance

commencent à varier et à pencher à la croire moins improbable, que par le passé. Ce changement provient de ce que l'on remarque, que la Cour semble s'occuper à mettre effectivement du sérieux dans ses préparatifs, etc.

3. Graf Schönfeld berichtet ferner, Wien den 31. März 1792: Tout au reste paroit dépendre maintenant, d'apprendre la manière dont la note du Prince de Kaunitz au Marquis de Noailles du 18. d. c. — aura été accueillie à Paris et quelle impression elle aura faite sur les esprits démagogues de l'Assemblée nationale. Je dois observer quant à cette note, que *la tirade contre les Jacobins*, qui s'y trouve, n'y a pas été insérée du gré du Prince de Kaunitz, mais pour remplir uniquement *un ordre existant de feu l'Empereur.* Je sais même, qu'un Ministre etranger, ayant eu occasion de parler sur cet objet avec ce Chancelier d'État et qui lui fit sentir, que par cette tirade l'on ne ferait que provoquer encore davantage la rage des Jacobins, en contribuant même par là d'aggrandir leur parti, ce Ministre lui répondit, que ces réflexions étoient très justes, en ajoutant, que cette sortie ne venait pas de lui.

4. Selbst in dem Moment noch, wo man in Paris im Begriff stand, den Krieg zu erklären, fuhr Kaunitz fort

gerade so wie früher Leopold II. nur von Friedenswünschen zu sprechen, wiewohl sein Verhalten eben wie das Leopolds so beschaffen war, daß es den Krieg unvermeidlich machen mußte. Noch ehe die östreichische Note vom 18. März in Paris angelangt war, beauftragte Dumouriez den Marquis von Noailles, vom wiener Ministerium zu verlangen une explication ultérieure et cathégorique sur les sentimens et déterminations de S. M. Apostol. relativement aux affaires de France. Le Comte de Cobenzl à qui cet Ambassadeur avoit fait cette ouverture lui répondit, après en avoir préalablement conféré avec le Roi et le Prince de Kaunitz, *que sa Cour persistoit absolument dans les mêmes sentimens annoncés dans la note du 18. de Mars* et qu'il n'avoit rien à y ajouter, si non, que ces sentimens étoient entièrement conformes à ceux de S. M. Prussienne. Mr. de Noailles, en me faisant part du résultat de cette conférence, que conformément aux ordres de Mr. Dumouriez il avoit fait parvenir sans le moindre délai à Paris, ajouta, que connoissant l'esprit, qui animoit ce Ministre, ainsi que la majeure partie des membres de l'Assemblée nationale, il étoit persuadé plus que jamais, que les François attaqueroient sans faute avant la fin de ce mois, etc. — Tous ces incidens n'ont pas laissé que d'augmenter les embarras et les inquiétudes du Ministère d'ici, toujours éloigné à vouloir s'embarquer dans une guerre contre la France et ont motivé un Conseil d'État extraordinaire, que le Roi a tenu hier pour en conférer avec ses Ministres. (Schönfelds Bericht vom 14. April 1792). In einer Nachschrift fügt Sch. hinzu, er habe von einer Person erfahren, qui étoit cette matinée en conférence avec le Baron de Spielmann, que suivant les dépêches de Mr. de Blumendorf de Paris et du Comte de Mercy de Bruxelles, la guerre avec la France sera inévitable et qu'en conséquence de ces avis le Roi a décidé dans le Conseil d'État d'hier la marche des troupes sous les ordres du Prince de Hohenlohe au nombre de 40,000 hommes.

Die östreichische Regierung wollte namentlich den eigenen schon erschöpften Unterthanen gegenüber, wie auch um mit desto größerem Recht den Beistand der Bundesgenossen anrufen zu können, um jeden Preis den Schein vermeiden, den Krieg willkürlich begonnen zu haben. So heißt es in Schönfelds Bericht vom 2. Mai 1792: S. M. le Roi fit venir le Comte de Khevenhiller, Maréchal des États d'Autriche, pour lui enjoindre, de signifier aux dits États, que S. M. quoique forcée malgré Elle à une guerre contre la France, ne demanderoit cependant pas ni contributions, ni autre impôt nouveau à ses sujets pendant l'espace de deux ans, se flattant qu'à l'aide d'emprunts et des sommes, que lui et ses frères tenoient de la succession de feu leur auguste Père, Elle se trouvoit à même de faire face aux dépenses de cette guerre. D'après ce que je viens d'apprendre de très bonne part, ces sommes ne doivent pas aller audelà de 8 millions de florins.

5. Ju Bezug auf Polen berichtete Schönfeld, Wien den 21. Januar 1792, daß nach den Mittheilungen einer personne très instruite du courant des affaires de la Pologne, Sa Majest. Imp. ainsi que le Roi de Prusse sont convenus réciproquement de ne pas prendre une part active à la consolidation de la constitution de la Pologne sans la concurrence de la Russie. — — Le Comte Woyna paroit ne pas absolument ignorer les déterminations de ces deux Cours, que je viens de mettre sous les yeux de V. E. et il ne me cache point son chagrin, de voir réalisées successivement les appréhensions, qu'il a manifestées si souvent sur le sort de sa patrie.

Hiermit übereinstimmend sagte fast ein halbes Jahr später, als bereits die russischen Truppen in Polen eingerückt waren, der Vicekanzler Graf Cobenzl zum Grafen Schönfeld (Bericht vom 6. Juni 1792): que plus d'une raison s'opposait à pouvoir appuyer vigoureusement les Polonois, d'autant plus qu'ils avoient · commencé l'ouvrage de leur nouvelle constitution, *sans conseiller ni l'Autriche ni la Prusse* et que même ils n'en avoient donné connaissance à ces deux Cours, que lorsque tout avoit déjà été arrangé et consolidé. D'après lui il n'étoit pas moins difficile de venir à leur secours par le moindre conseil, attendu que dans l'embarras où ils étoient de voir 60,000 Russes sur leur territoire, le meilleur conseil deviendroit inefficace et insuffisant pour les en faire sortir. Voilà, Monsieur, ce que j'ai appris sur les sentimens dont le Ministère de Vienne paroit envisager les mesures de la Cour de Pétersbourg vis-à-vis de la Pologne.

6. Herr von Völkersahm berichtet aus Petersburg den 15./26. April 1793: Je suppose, qu'on est ici d'intelligence avec les Princes et avec le parti François royaliste, d'introduire en France *la royauté absolue,* sans qu'il en coûte le moindre sacrifice à ce royaume. Quoique la nouvelle arrivée par deux courriers vers la fin de la semaine passée de la convention de Mr. Dumouriez avec le Prince de Cobourg ait causé beaucoup de joye ici, les François emigrés en ont témoigné pourtant la plus vive affliction et ne se sont point cachés, qu'ils regardoient après la mort du roi cet événement comme le plus désavantageux, qui pût arriver à la France, etc. Mais la véritable cause de leur mécontentement est, que ce Dumouriez, *porté pour le gouvernement constitutionnel* et d'accord avec le cabinet de Vienne, qu'on accuse d'avoir travaillé à cela depuis le

commencement de la révolution, dans le dessein
d'affoiblir pour l'avenir la monarchie Françoise,
n'y introduise avec les Autrichiens cette forme de
gouvernement, qu'ils regardent peu convenable à
leurs intérêts. Ce qui me fait supposer, qu'ils soyent
parvenus à inspirer ici ce même sentiment, c'est
que l'Impératrice a recommandé au Comte d'Artois
et même mis pour condition du secours, qu'Elle
lui a promis, de se laisser conduire par les quatre
personnes, qu'Elle lui a nommées, savoir Mr. de
Bouillé, Mr. La Chatre, Mr. Vauban, celui, qui a
été à Dresde, il y a deux ans, et par Mr. d'Anti-
champ, laissant pourtant ce dernier, que le Comte
n'aime pas, au gré de ce Prince et n'en parlant
qu'en guise de conversation, mais lui inculquant
fortement, de se méfier du conseil des autres, qui
n'étoient que des hommes foibles et intriguans et
les personnes nommées sont précisément les plus
déterminés partisans de *l'autorité royale absolue.*

# Widerlegung.

Sybel stellt in seiner Geschichte der Revolutionszeit, zweite Ausgabe, Band I. S. 285 und 288—291 für seine Ansicht, daß die polnische Revolution vom 3. Mai 1791 auf die Anregung, unter den Schutz und Schirm zusagenden Verheißungen Oestreichs, des östreichischen Ministeriums und des Kaisers Leopold selbst sich vollzogen habe, folgende erst noch zu erweisenden Aeußerungen und Behauptungen auf:

## I.

„Es war ihm (Leopold) gelungen, eine höchst bedeutende innere Umwandlung in Polen herbeizuführen.“

„In denselben Wochen, in welchen er Bischoffswerder über seinen Herzensdrang zu Preußens Freundschaft unter= hielt, ließ er durch Kaunitz alle Mittel anwenden, um die patriotische Partei in Polen von Preußen zu trennen, und zu Oestreich hinüberzuziehen. Kaunitz gab dem polnischen Gesandten in Wien, Woyna, im Lauf des März Kenntniß

von einem Vorhaben der Preußen und Russen, Polen
einer neuen Theilung zu unterziehen, und Woyna beeilte
sich), darüber in Warschau aus allen Tönen Lärm zu
machen. Die Angabe war völlig grundlos; gerade in
dieser Zeit rüstete Preußen lebhafter als je für einen,
wie man fürchtete, unvermeidlichen Krieg; in Polen aber
blieb der Eindruck, daß man bei Preußen auf das
Schlimmste gefaßt sein, bei Leopold die günstigste Gesinnung
voraus setzen müsse. In der That lag dem Kaiser die
Herstellung und Kräftigung Polens am Herzen. Sein
Gesandter in Warschau that Alles, um die patriotische
Partei zusammen zu halten, anzuspornen, zu einer durchgreifenden Reform der Verfassung zu bestimmen. Was
Lucchesini hatte verhüten sollen, die Einführung der Erb-
monarchie, betrieb Leopold mit lebhaftem Nachdruck."

## II.

a) „Unter dieser stillen, aber unausgesetzten Einwirkung
des Kaisers gewannen denn die polnischen Verhandlungen
über die Reform der Verfassung frisches Leben. Die
Provinzialverfassungen sprachen sich für die Erblichkeit der
Krone im Geschlechte des Kurfürsten von Sachsen aus."

b) „Der König, bisher noch immer das Haupt der
russischen Partei, trat jetzt öffentlich zu den Patrioten
über, es kam ein Gesetz über die Provinzialstände, ein
anderes über die politische Berechtigung der Bürger zu
Stande" ꝛc.

### III.

„Da erfolgte am 3. Mai das Unerwartete ꝛc. Die Summe war, daß von Rußland und Preußen neue Theilungspläne, von letzterem insbesondere die Abreißung Danzigs und Thorns zu befürchten sei, daß dagegen die befreundeten Mächte keinen anderen Rath als die schleunige Einführung einer neuen und starken Verfassung wüßten."

„Die fremden Gesandten waren, mit einer einzigen Ausnahme, völlig überrascht. Graf Goltz beeilte sich, nach Berlin Nachricht zu geben, und beschwerte sich bitterlich bei dem auswärtigen Amte, daß man trotz der Bundes= verhältnisse mit Preußen eine so entscheidende Maßregel ohne sein Vorwissen vollzogen hatte. Nach Petersburg schrieb König Stanislaus selbst, versicherte, daß die neue Verfassung der Freundschaft Polens gegen Rußland nicht schaden sollte, und verhieß etwas später vollkommene Neutralität bei etwaigen Kriegen anderer Mächte gegen Rußland. [1] Was endlich Oestreich anlangte, so war dessen Gesandter der einzige, der vorherige Kunde von dem Unternehmen und den Bericht für seinen Hof fertig hatte, noch ehe die Eidesleistung vollzogen war. So kam es, daß Kaunitz eher Nachricht über die neue Verfassung empfing, als der polnische Gesandte Woyna selbst: ein Umstand, der um so mehr auffiel, als in Warschau bis zur Entscheidung aller Postenlauf gehemmt war. Daß

8*

man in Wien im Voraus auf das Ereigniß gefaßt war, zeigte sich auch darin, daß Kaunitz noch ehe er von dem in Italien reisenden Kaiser Antwort erhalten, ein warmes Glückwünschungsschreiben an den Kurfürsten von Sachsen erließ" [2].

## IV.

„In Berlin dagegen war man weit von so fröhlicher Stimmung entfernt. Man kannte die damaligen Häupter des Reichstags und wußte, daß sie von jeher mit Oestreich enge Verbindungen gehabt. [3] War man auch von den eben angeführten Details noch nicht unterrichtet, so konnte der officielle Hergang des Ereignisses selbst doch keinen Zweifel über seine gegen Preußen gerichtete Tendenz übrig lassen", 2c.

## Zu I.

Im März 1791, d. h. zu der Zeit, als Bischoffs= werder sich in Wien aufhielt, intriguirte allerdings der wiener Hof aus Leibeskräften, um Preußen bei der damals in Warschau herrschenden, verfassunggebenden, patriotischen Partei zu verdächtigen, indessen hatte er selbst bis dahin in Polen doch noch so wenig Boden gefaßt, daß noch im Januar der sehr einflußreiche und des allgemeinsten Vertrauens genießende Reichstagsmarschall, Graf Mala= chowski, an der Freundschaft mit Preußen festhaltend, anfing, selbst „die Abtretung Danzigs an Preußen offen als das einzige Mittel zu empfehlen, das gegenwärtige politische System zu consolidiren." Hailes Bericht vom 8. Januar 1791 in Herrmann's Russischer Geschichte Bd. VI. S. 339.

Auch in Dresden wußte man bis zu diesem Moment noch nichts von freundlichen Beziehungen des wiener Hofs zu der polnischen Reformpartei, wie folgendes Schreiben des Grafen Loß vom 10. Januar 1791 an den Grafen Schönfeld in Wien zeigt: En général les affaires de Pologne méritent à cette heure, que Vous en fassiez un objet particulier de Votre attention afin de constater les sentimens y relatifs des Cours Impériales. Pour Vous faciliter ces recherches, j'observe, que non seulement l'Empereur n'a pas caché au Comte de Goertz lors de son séjour à Francfort (Anf. · Oct. 1790), que l'établissement d'un throne successif ne lui paroissoit pas convenir aux puissances voisines de la Pologne, mais qu'aussi les propos de Mr. De Caché à Varsovie sont conformes à ce sentiment et que Mr. de Bulgakow, non content de tenir le même langage, agit en conséquence, pour effacer entièrement cette idée et pour empêcher même l'élection d'un successeur éventuel.

Im März blies der wiener Hof dem General Woyna das Gerücht von einem angeblich von Preußen ausgehenden Theilungsplan ein, welches dieser indeß sehr bald selbst für ein unbegründetes zu erklären sich veranlaßt sah.

Effens Bericht vom 19. März; VI. S. 342. Anmerk.
421.

Inzwischen fuhr Oestreich fort, es in Polen mit seinem bisherigen jeder Reform feindlich gesinnten Verbündeten, Rußland, zu halten. Effens Bericht vom 26. März: La bonne harmonie entre les deux Cours Impériales se manifeste en Pologne, malgré les soins de leurs ministres de la cacher au public, et il paroit, que leur grand objet commun est dirigé contre le roi de Prusse, que l'on calomnie et dénigre à forces réunies auprès de la nation; VI, 567. Auch war es bis zu diesem Moment Oestreich noch nicht gelungen, nur irgend eine Partei in Polen, welcher Art sie auch sei, für sich zu gewinnen; ein Punct, über welchen Sybel recht wohl aus dem zu seiner zweiten Ausgabe auch) ihm zugänglich gewesenen berliner geheimen Staatsarchiv sich hätte unterrichten können. Der preußische Gesandte in Warschau, Graf Goltz, berichtet nämlich unterm 19. März: Ce ne seroit jamais par choix, mais par nécessité, qua la Pologne se jetteroit entre les bras de l'Autriche. Oestreich habe nicht einmal einen Gesandten in Warschau, qui par son personnel acte pu s'attacher des amis et *un petit parti à lui.* — Il n'y a qu'un rapprochement entre la Prusse et la Cour de Russie, qui pourroit faire pencher la balance de son côté, etc. VI, 567. — Aber gerade Oestreichs Zusammenhalten mit Rußland war das, wodurch es sich der patriotischen Partei vollends verhaßt machte, und diejenigen Polen, welchen Oestreich damals gute Worte gab, waren namentlich solche, die sich von der Verfassungs= partei entweder einfach zurückgezogen hatten, wie die Fürstin Adam Czartoryska, die bereits vor einem Jahr Warschau verlassen hatte, oder solche, die ihr geradezu feindselig gesinnt waren, wie die nachherigen Urheber der Conföderation von Targowice, die Grafen Felix Potocki und Rzewuski, présentement tous les deux à Vienne et généralement reconnus pour y travailler contre le véritable bien-être de leur patrie. Von letzterem bemerkt Graf Schönfeld — Wien, 16. Februar 1791 — ausdrücklich: Le Comte Rzewuski (petit Général) continue au reste egalement à saisir toutes les occasions pour se mettre en évidence vis-à-vis L. L. . M. M. J. J., qui de leur côté paroissent répondre volontiers à ses désirs en lui adressant fréquem- ment la parole.

Dagegen waren nur wenig Tage vor der Revolution vom 3. Mai die Urheber der neuen Verfassung noch weit davon entfernt, sich das Gelingen und die Durchführung ihres Werkes anders als unter dem Schutz des preußisch= englisch = holländischen Bündnisses als möglich zu denken. Und als der dänische Gesandte im Namen Rußlands den Reichstagsmarschall Malachowski und den Marschall von Litthauen, Ignaz Potocki, durch ähnliche Anerbietungen in ihrem Vorhaben und in ihrem Festhalten an Preußen

wankend zu machen suchten, wie um dieselbe Zeit der
Kaiser Leopold die Fürstin Czartoryska und andere in
Wien sich aufhaltende Polen durch eine vorgebliche,
eventuelle Zurückgabe Galliziens sich geneigt zu machen
versuchte, da gab ersterem Malachowski die kurz abweisende
Antwort: die Republik sei zufrieden mit dem, was sie
habe, im Fall eines Conflicts aber zwischen Rußland
und Preußen werde sie sich an letzteres halten, als an
die Macht, welcher sie ihre Unabhängigkeit verdanke, und
den Grad von Wohlfahrt, dessen sie gegenwärtig sich zu
erfreuen habe. Goltz Berichte vom 13. und 27. April,
VI, 568 und 569.

Und nun höre man, welche Aussichten und Hoffnungen
in Bezug auf die neue Verfassung unmittelbar vor der
Revolution denn etwa vom wiener Hof der Deputation
der auswärtigen Angelegenheiten gemacht wurden, derselben
Deputation, in deren Mitte die Häupter der dreijährigen
Reformbewegung saßen. Essen berichtet — 30. April,
VI, 571 —: la députation des affaires étrangères
a été informée par Mr. Woyna, que les liaisons
entre la Russie et la maison d'Autriche se res-
serroient de plus en plus en égard des affaires de
la Pologne et que la république devoit s'attendre
à toutes sortes d'empêchemens et de manoeuvres,
que *la Cour de Vienne de concert avec la Russie*
employeroit, pour qu'aucun gouvernement solide en
Pologne ne parvienne à sa consistance. — Aehnliches

berichtete der polnische Gesandte Deboli aus Petersburg:
»Delà dérivent de vives alarmes, que la Pologne
ne soit exposée à un nouveau partage.« — Die
Furcht vor den beiden Kaiserhöfen war es, was die
Patrioten dazu antrieb, die Verfassung in aller Eile durch
einen Staatsstreich ins Werk zu setzen.

Welchen Sinn aber, frage ich, soll nach dieser Aus=
einandersetzung nun noch Sybel's Behauptung haben:
„Leopolds Gesandter in Warschau that Alles, um die
patriotische Partei zusammenzuhalten, anzuspornen, zu einer
durchgreifenden Reform der Verfassung zu bestimmen?"

### Zu II. a.

Sybel sagt: „Unter dieser stillen, aber unausgesetzten
Einwirkung des Kaisers gewannen dann die polnischen
Verhandlungen über die Reform der Verfassung frisches
Leben" ec. „Die Provincialverfassungen sprachen
sich für die Erblichkeit der Krone im Geschlechte
des Kurfürsten von Sachsen aus."

Wie und wann sprachen sich die Provinziallandtage aus?
Es kann hier nur von den auf den 16. November 1790
einberufenen Landtagen die Rede sein. Diese hatten sich
aber dem Reichstagsuniversal zufolge gar nicht darüber
auszulassen, ob sie einer freien Königswahl oder einer
erblichen Thronfolge den Vorzug gäben, sondern nur darüber,
ob sie, um den Unruhen und Gefahren eines Interregnums
vorzubeugen, in die freie Wahl eines Thronfolgers noch

bei Lebzeiten des Königs willigten? — Diese Frage wurde
allerdings von der Mehrzahl der Landtage mit Ja be=
antwortet und zwar so, daß sie sich zu Gunsten des Kur=
fürsten von Sachsen erklärten, zugleich aber äußerten· sie
sich, obgleich die Erblichkeitsfrage jetzt noch gar nicht officiell
in Betracht kam, dahin, daß sie die polnische Freiheit
durch die Erblichkeit des Throns für gefährdet halten
würden. VI, 335. Für die Erblichkeit aber erklärten sich
von 60 Landtagen nur 7 oder höchstens 10. VI, 354
und 575, Anmerkung.

Wo steckt denn nun die stille Einwirkung des Kaisers,
die nach Sybel bereits jetzt die Erblichkeitsfrage entschieden
haben soll? Wohl aber wird von sehr unzweideutigen
Intriguen der beiden Kaiserhöfe gegen die Erblichkeit des
Throns berichtet, die ich VI, 335 nachgewiesen habe und
schon damals hatten der General der Artillerie, Felix
Potocki, so wie der Graf Rzewuski Wien zum Ausgangs=
punct ihrer Umtriebe gemacht.

### Zu II. b.

„Der König, bisher noch immer das Haupt der russischen
Partei, trat jetzt öffentlich zu den Patrioten über."

Sybel hat sich um eine Kleinigkeit, um nicht weniger
als ein volles Jahr verrechnet. Dieser Anschluß des Königs
an die patriotische Partei erfolgte nicht, wie Sybel irrthüm=
lich annimmt, zu Ende des Jahres 1790 oder Anfang
des Jahres 1791, sondern er war bereits im December

1789 erfolgt — Essen's Bericht vom 26. December, VI, 247 —, und hat wiederum nicht das Mindeste mit dem Einfluß Oestreichs zu schaffen. Der König that im Gegentheil diesen Schritt gerade in dem Moment, als die patriotische Partei, unter Beihülfe der seit dem 7. September 1789 tagenden Verfassungscommission, auf den Antrieb Preußens, welches hiervon seine Allianz mit der Republik abhängig machte, die Annahme des ersten von der genannten Commission ausgearbeiteten Verfassungsentwurfs im Reichs= tag durchsetzte.

## Zu III.

„Da erfolgte das Unerwartete" u. s. w.

Ich habe gezeigt, daß die Hauptmotive, weshalb die patriotische Partei sich plötzlich dazu entschloß, durch einen Staatsstreich die Annahme der neuen Verfassung zu bewirken, in der Furcht vor den feindseligen Plänen Rußlands und Oestreichs lagen, die noch dadurch sich bedeutend steigerte, daß unerwarteter Weise England Preußen den Beistand versagte, zu welchem es letzterem für den Fall eines Krieges tractatenmäßig verpflichtet war; VI, 345 und 571. — Ich habe nachgewiesen, daß sowohl der preußische, wie der englische Gesandte von dem bevorstehenden Ereigniß des 3. Mai allerdings ein paar Tage zuvor Kunde erhielten und sogar über das, was die Häupter der Revolution vorhatten, mit Malachowski und Ignaz Potocki selbst conferir= ten; ich habe das aus den eigenen Berichten dieser Ge=

sandten vom 1. und 3. Mai nachgewiesen, von welchen
die des preußischen, um daran nochmals zu erinnern, auch
Sybel zugänglich gewesen sind. Dennoch behauptet derselbe,
der einzige Gesandte, welcher vorherige Kunde von dem
Unternehmen gehabt, sei der östreichische gewesen. Es
verhielt sich aber gerade umgekehrt. Der östreichische
Gesandte war so wenig im Vertrauen der Häupter der
Revolution, daß eines derselben, Ignaz Potockis Bruder,
Stanislaus, dem sächsischen Gesandten in Berlin sagte,
be Caché habe, um nur einigermaßen etwas zu erkund=
schaften, den Versuch nicht verschmäht, die Domestiquen
einiger polnischer Herren zu erkaufen; Zinzendorfs Bericht
vom 21. Mai, VI, 573.— Vielleicht waren es derartige
Notizen, durch welche Kaunitz, nach Sybel, eher Nachricht
über die neue Verfassung empfing, als der polnische Gesandte
Woyna selbst.— Nach dem Bericht des Grafen Schönfeld,
Wien den 13. Mai, erhielt Kaunitz erst am 11. durch
Estafette die Nachricht vom warschauer Ereigniß, und
zwar benahm er sich in Bezug auf dieselbe mit großer
Zurückhaltung gegen diesen Vertreter des sächsischen Hofes:
Le Chancelier d'État en donna connoissance à quelques Ministres etrangers, qui se trouvoient à son
cercle. D'après ce que j'ai pu remarquer, il me
sembloit, *qu'à l'exception* du *Prince de Kaunitz*, —
l'on a pris la part la plus vive à un événément
pareil, qui ne sauroit qu'être agréable à V. A. S.
E.le et à Son auguste famille; aussi les ambas-

sadeurs et la pluspart de mes collègues m'en ont-ils fait leur compliment.

Aber doch wenigstens einen gleichzeitigen, beglaubigten Beweis bringt Sybel für seine Ansicht bei, daß Oestreich bei dem Revolutionswerk des 3. Mai stark betheiligt gewesen sei? Er sagt: „daß man zu Wien im Voraus auf das Ereigniß gefaßt war, zeigte sich auch darin, daß Kaunitz, noch ehe er von dem in Italien reisenden Kaiser Antwort erhalten, ein warmes Glückwünschungsschreiben an den Kurfürsten von Sachsen erließ." Die Quelle für diese Nachricht, wie auch dafür, daß der östreichische Gesandte die einzige Kunde gehabt haben sollte, ist zwar keine tiefgeschöpfte, ein Zeitungsartikel des hamburger politischen Journals; indessen bin ich weit entfernt, für derartige Notizen die Autorität solcher Zeitschriften unbedingt anfechten zu wollen. Nun aber geht aus der oben angeführten Depesche Schönfelds vom 13. und aus der folgenden vom 14. Mai, — VI, 572 —, hervor, daß Kaunitz sein Gratulationsschreiben nicht vor diesem Tage und keinen Falls vor dem 11. nach Dresden gesendet haben kann. Dagegen habe ich nach dem berliner geheimen Staatsarchiv, VI, 362, Anmerk. 451, mitgetheilt, daß das Gratulationsschreiben des preußischen Hofs, welcher die Nachricht von der warschauer Revolution schon am 6. erhielt, bereits am 9. nach Dresden abging. — Ich habe eben da, — VI, 572, — mitgetheilt, daß Kaunitz gegen Schönfeld den Argwohn nicht verhehlen konnte, daß

Preußen der Instigator zum 3. Mai gewesen, mit den Worten: „Hier muß man sehen, was die übrigen Köche dabei zu thun für gut finden werden," während, wenn dies Ereigniß von langer Hand her von Oestreich wäre vorbereitet gewesen, der Staatskanzler doch sicher sich würde beeilt haben, des Antheils, den der Kaiser daran gehabt, sich gegen den sächsischen Gesandten zu rühmen.

Umgekehrt sah Kaunitz selbst in dem Umstand, daß der preußische Hof mit seiner Gratulation sich so sehr beeilt habe, nur einen Grund mehr, in seinem Verdacht gegen denselben sich zu bestärken; VI, 576. Und daß in Wien das ganze diplomatische Corps diesen Verdacht gegen Preußen wenn nicht theilte, so doch als einen in der politischen Situation des wiener Hofs wohl begründeten ansah, dient mir jedenfalls als ein unverächtlicher Beweis dafür, daß diese Herren, welche damals in ihrer Eigenschaft als Diplomaten berufsmäßig diese Angelegenheiten ins Auge faßten, ein anderes Urtheil hatten, als dasjenige, welches Sybel in seiner berufsmäßigen Eigenschaft als Historiker mit subjektivem Behagen und nur durch einen anonymen Zeitungsartikel documentirt, aufstellen zu dürfen geglaubt hat. Und dabei bitte ich wohl zu beachten, daß dieser, wie sich bei näherer Ansicht zeigt, ganz werthlose Corre= spondenzartikel aus Wien nicht etwa in den ersten Tagen des Mai geschrieben ist, sondern daß er das Datum vom 12. Juni führt. — Selbst das erste Citat, welches Sybel auf derselben Seite 291 seines Werkes aus dem bekannten

Buch: „Vom Entstehen u. s. w. I, 74," anführt, hätte
ihn stutzig machen sollen, auf den Correspondenzartikel des
politischen Journals so große Dinge zu bauen, denn eben
da, I, 74 steht geschrieben: „die Communicationen des
polnischen Cabinets mit dem berliner und die noch ver=
trauteren mit dem sächsischen dauerten (nach dem 3. Mai)
ununterbrochen" (fort). Also wäre hiernach wohl an
vertraute Communicationen mit dem preußischen Hof zu
denken gewesen, nicht aber mit dem östreichischen.

Noch am 26. Juni schrieb das berliner Ministerium
an Goltz nach Warschau: Il n'en est pas moins vrai,
— que ce premier Ministre (Kaunitz) répugne dans
le fond de son coeur à cette révolution et ne paroit
y applaudir, que dans l'espérance de la *changer
encore*, worauf denn auch fortwährend das Bestreben des
wiener Hofs gerichtet blieb; VI, 584. Der Fürst Kaunitz
ließ es zunächst freilich an den unumgänglichen, conven=
tionellen Höflichkeitsphrasen nicht fehlen, aber zu solchen
bequemten sich eben so auch die entschiedensten Gegner des
3. Mai, die russischen Gesandten; VI, 572 und 573,
Nr. 2 und 5.

Der sächsische Hof stand überhaupt bis dahin seit dem
baierischen Erbfolgekrieg und dem deutschen Fürstenbunde
in den engsten politischen Beziehungen nicht mit dem
wiener, sondern mit dem berliner Hof. Weil aber aus der
Erhaltung der Unabhängigkeit Polens und aus der sächsi=
schen Thronfolge nichts werden konnte, wenn es nicht

gelang, auch Oestreich für die neue Organisation zu gewinnen, bloß aus diesem und keinem andern Grunde suchte der sächsische Gesandte in Berlin sich darüber zu vergewissern, wie der preußische Hof es aufnehmen würde, wenn der sächsische sich über diese Angelegenheit in un= mittelbares Benehmen mit dem Kaiser setzte, und hierüber konnte denn der Graf Zinzendorf unterm 7. Mai seinem Hof die beruhigendste Auskunft ertheilen, VI, 572.

### Zu IV. a.

„In Berlin dagegen war man weit von so fröhlicher Stimmung entfernt. Man kannte die damaligen Häupter des Reichstags und wußte, daß sie von jeher mit Oestreich enge Verbindungen gehabt."

Sybel citirt endlich einmal eine authentische Quelle, eine preußische Depesche, und zwar mit wörtlicher Au= führung der beweiskräftigen Stelle. Hat er sie etwa dem berliner geheimen Staatsarchiv entnommen, welches er seinem ganzen Umfang nach benutzen durfte? Nein, er hat sich mit den relativ sehr unvollständigen Nachrichten begnügt, welche ihm schon früher das berliner General= stabsarchiv darbot, und zwar mit einer Stelle einer Depesche des preußischen Geschäftsträgers Buchholz aus Warschau, vom 8. Mai 1793, die mit dem Ereignisse vom 3. Mai 1791 auch nicht in der allerentferntesten Beziehung steht. Dennoch versucht es Sybel, eine solche Beziehung in sie mit Gewalt hineinzuinterpretiren. Diese

Stelle lautet: „Das sind E. Exc. versichert, daß die Opposition der Walewski und Rzewuski, die wir hier so kräftig haben umstoßen müssen, lediglich von den polnischen Emigranten und dem Wiener Hof herkommt. In Rußland weiß man es sehr wohl, und hat sich immer gewundert, daß der Wiener Hof sich der polnischen Emigranten so angenommen hat. Alle diese Emigranten sind die alte östreichische Partei in Polen, gegen die ich unter des hochseligen Königs Majestät zu kämpfen und zu streiten hatte."

„Diese Emigranten," fügt Sybel hinzu, „sind eben die Urheber der Verfassung von 1791."

Ich muß gestehen, daß es trotz aller Mühe mir nicht gelungen ist, mir klar zu machen, was Sybel bei dieser eigenthümlichen Argumentation sich eigentlich gedacht hat. Was soll denn nun wohl das politische Verhalten gewisser polnischer Notabilitäten im Jahre 1793, oder im Jahre 1786 für die politische Parteistellung beweisen, die sie im Mai 1791 eingenommen haben? Wer wüßte denn nicht, daß gerade die politische Wankelmüthigkeit der Polen einer der bezeichnendsten Züge ihres Nationalcharakters von jeher gewesen ist?

Oder welcher Zwang ist überhaupt einem unabhängigen oder einem nach Unabhängigkeit strebenden Staat auferlegt, seine Stütze und seinen Vortheil immer bei denselben auswärtigen Mächten zu suchen? So wandte Katharina II. einige Jahre nach der ersten Theilung Polens ebenso

entschieden sich Oestreich zu, wie sie bis dahin es mit
Preußen gehalten hatte. Und so suchten allerdings die
Potocki's und selbst der den Russen ganz ergebene Branicki
u. A. m. im Jahr 1786, wie ich VI, 141 nachgewiesen
habe, sich an Oestreich anzuschließen, aber ich habe ebenso
gezeigt, VI, 216, wie gerade diejenigen unter diesen Magnaten,
die sich an die Spitze der Bewegungspartei stellten, seit
dem Beginn des Türkenkrieges, eben weil nun Oestreich
ganz mit Rußland zusammenging, sich aufs engste an
Preußen anschlossen. Das thaten namentlich die Brüder
Ignaz und Stanislaus Potocki und in dieser Stellung
verharrten sie so sehr auch noch nach dem 3. Mai, daß
sie unmittelbar nach diesem Ereigniß Hülfe und Beistand
nicht bei dem wiener Hof suchten, sondern bei dem berliner.
Und der Reichstagsmarschall Malachowski wandte sich mit
Abscheu von dem bloßen Gedanken einer engeren Verbindung
mit Oestreich ab; VI, 574. Der König von Polen setzte
sofort den König von Preußen von dem großen Ereigniß
officiell in Kenntniß; VI, 364. Umgekehrt vernachlässigte
die Republik den wiener Hof in dem Grade, daß ihm
selbst diese conventionelle und formelle Berücksichtigung
erst nach sechs Monaten zu Theil wurde; VI, 575, 577,
und unter Schönfelds Bericht vom 5. November.

Stanislaus Potocki begab sich, um den preußischen Hof
zu gewinnen, sofort nach Berlin, begleitet von den Gesandten
der der Republik befreundeten Mächte, England und
Holland; VI, 366 und 583. — Sybel zwar weiß diese

Polen freundlichen Mächte S. 292 nicht recht namhaft
zu machen und räth in seiner Verlegenheit auf Oestreich.
Er hätte sich indessen hierüber aus Goltz Depesche vom
11. Mai, die VI, 583 abgedruckt ist, eines Besseren
belehren können, und ohne Zweifel auch aus dem haager
Archiv. Denn der holländische Gesandte in Warschau,
Reede, stand im engsten Vertrauen der Urheber des
3. Mai [1] und eben er war es, der im Verein mit den
englischen Gesandten Hailes in Warschau und Ewart in
Berlin und mit Potocki Alles daran setzte, um Preußen
zum Festhalten an dem Föderativsystem und an der
Wiederherstellung Polens zu bewegen. Eben er war es,
der im Sinn der von mir gegebenen Darstellung auch
vielfach mit Essen und mit Goltz conferirte, während von
einem freundschaftlichen Verkehr zwischen Reede, Hailes
und Essen mit dem östreichischen de Caché mir wenigstens
nirgends eine Spur vorgekommen ist.

Statt all' dieser von mir gegebenen Daten steht Sybel
mit seiner Depesche vom Jahr 1793 ein. Ich muß daher
auf diese nochmals zurückkommen. — Jedermann der auch
nur einigermaßen die polnische Geschichte dieser Jahre

---

[1] Le Baron de Reede a su gagner la confiance des Polonais
au point, que les voeux et les plans les plus secrets de la
nation lui ont été communiqués, avec prière de coopérer de
son mieux au resserrement de ces liens, qui subsistent entre
la Prusse et la Pologne et dont tout le bonheur futur de
cette dernière paroit dépendre. Goltz a. a. O.

kennt, ist der Name Rzewuski nicht unbekannt. Jedermann
weiß, daß er neben Felix Potocki der eifrigste Antagonist
der Verfassung vom 3. Mai war. Und dennoch glaubt
Sybel Rzewuskis Gesinnungsgenossen — denn von Anderen
ist ja in der von ihm angeführten Depesche nicht die Rede
— zum Urheber der Verfassung des 3. Mai machen zu
können! Gerade Rzewuski und seine Genossen aber waren
es, die um die Zeit des 3. Mai noch in Wien mit der
Hoffnung sich schmeichelten, die von ihnen beabsichtigte
Reaction direct vom wiener Hof unterstützt zu sehen. Und
noch im ganzen Verlauf des Jahres 1791 suchten vor=
zugsweise die Gegner der Revolution vom 3. Mai ihre
Zuflucht in Oestreich; Schönfeld 1. October 1791:
»l'emigration des Polonais mécontens de la nouvelle
constitution dans la Monarchie Autrichienne continue
et il en arrive journellement ici de la première volée
et surtout des familles de Potocki et Lubomirski.«

### Zu IV. b.

„War man auch von den eben angeführten Details noch
nicht unterrichtet, so konnte der officielle Hergang des
Ereignisses selbst doch keinen Zweifel über seine gegen
Preußen gerichtete Tendenz lassen. Hatte doch der Bericht
des auswärtigen Amtes die Nothwendigkeit des Staats=
streiches ausdrücklich mit der Habsucht Preußens motivirt,
welches im Bunde mit Rußland Theilungspläne spinne."

Sybel hat sich durch das von den polnischen Parteiführern so oft beliebte Manoeuvre, durch Ueberraschung
und Schrecken einjagende Nachrichten die unwissende Masse
der übrigen Abgeordneten zu irgend einem von ihnen
beliebten Beschluß zu bewegen, irre führen lassen; wenigstens
wird man annehmen dürfen, daß Essen, Hailes und Reede
über den Zusammenhang dieser Intrigue besser unterrichtet
waren als er. Nun trugen allerdings diese Parteiführer
kein Bedenken, „ihren Bundesgenossen in die allgemeine
Verdächtigung (eines Theilungsplanes der benachbarten
Mächte) mit einzubegreifen", VI, 357; ja das Actenstück,
welches die Hauptgrundlage dieses Gewebes erlogener
Depeschen bildete, brachte es mit sich, daß, wie es scheint
gerade Preußen am schonungslosesten der Anklage einer
gegen die Republik feindseligen Tendenz ausgesetzt wurde;
allein daß die Parteiführer selbst am wenigsten an die
Richtigkeit dieser gesandtschaftlichen Fabrikate glaubten, die
nur darauf berechnet waren, die Leidenschaften aufzuregen
und im Moment die beabsichtigte Wirkung hervorzubringen,
das zeigten sie eben dadurch, daß sie unmittelbar nach
dem Vollzug der Revolution sich an Preußen wendeten, als
an die einzige Schutzmacht, auf die allein sie ihre letzten
Hoffnungen setzten. On a donc accepté — la nouvelle
forme de gouvernement, concentrée dans la constitution ajoutée à ma précédente dépêche, à l'égard
de laquelle on dit, qu'elle n'est faite que pour
'lElecteur et nullement pour un Prince ni de Russie,

ni de l'Autriche. On en a senti d'autant plus la nécessité, que le but de la Russie paroissoit être arrêter la procédure méthodique de la formation du gouvernement le plus que possible, ce qui auroit encore pris six mois; qu'en attendant la paix seroit faite et que de la Pologne isolée on auroit fait tout ce qu'on auroit voulu. Et voilà ce qui a fortement et autant contribué à exciter la nation à agir avec promptitude, que les dispositions pacifiques de l'Angleterre envers la Russie, dont on a été averti.

— — Mais, Mr. le Comte, je dois Vous dire, que telle est la terreur d'un nouveau partage, que si des considérations majeures ne permettoient pas à l'Electeur d'entrer dans les vues de la Pologne, qui comme Vous voyez, Monsieur, sont cependant sujettes à mille inconvéniens et dangers pour nous, on préféreroit plutôt de donner le trône à tel Prince, que ce soit, au dernier gentilhomme même, pourvu que la succession soit établie et *que la Pologne ne soit pas sous l'influence de l'Autriche ou de la Russie.* Voilà au moins, ce que j'entends dire.

— Peu d'heures après la clôture de la séance du 3. Mai le Roi de Pologne fit partir un courrier pour Berlin, chargé d'une lettre de Sa Maj. pour le Roi de Prusse, dans laquelle Elle prévient Sa Maj. Prussienne de la démarche, que la nation venoit de faire, lui détaille la situation dangereuse du

royaume, qui avoit forcé les Etats à s'y résoudre,
et tranquilisant le Roi sur tout ce qui lui pourroit
être insinué au désavantage de la nation et l'équi-
voque de ses vues, lui demande en termes affectueux
son assistance et son amitié, en lui offrant celle de
la nation et le prévenant du désir, de resserrer les
liens d'une alliance mutuelle; Effens Bericht vom
7. Mai 1791.

Wie dagegen war um diese Zeit das gegenseitige Verhalten
des warschauer Hofs und der östreichischen Gesandtschaft
beschaffen? Noch im Juni wagte de Caché es nicht,
ersterem nur die geringste Theilnahme zu bezeigen. Ce
procédé lui paroit factionneux et tumultuaire, etc.
— Il observe également, que la Cour de Varsovie
n'avoit donné aucune information officielle à la sienne
de cette révolution; VI, 575 und 577. Und noch im
November sagte der Baron Spielmann zum Grafen
Schönfeld, daß der wiener Hof nicht weniger als der
russische Grund habe darüber ungehalten zu sein, de n'avoir
pas été consulté du tout dans l'ouvrage de la con-
fection de la nouvelle constitution, qui avoit été
établie absolument à l'insu et sans la moindre
concurrence des deux Cours et dont celle de Vienne
n'avoit pas même été instruite officiellement *que
depuis quelques jours seulement* par la communication
que le Comte de Woyna en avoit faite au Ministère;
Schönfelds Bericht vom 5. Nov. 1791. — Wie kann

man da nur das geringste Gewicht den Heirathsplänen beilegen, mit welchen damals Kaunitz den General Woyna unterhielt? Als ob Kaunitz von ihrer Unausführbarkeit nicht ebenso gut überzeugt gewesen wäre, wie der König von Preußen es war; VI, 363, Anmerk. 453. Oder gilt es Sybel denn nichts, daß Kaunitz selbst in der Convention vom 25. Juli 1791 stipulirte, daß kein russischer, preußischer oder östreichischer Prinz weder durch eine Vermählung mit der Prinzessin Infantin, noch sonst durch eine neue Wahl den polnischen Thron besteigen sollte?; VI, 437.

Erst zu der Zeit als Bischoffswerder und Lord Elgin in Italien mit Kaiser Leopold verhandelten, als sie beide dort noch aufs lebhafteste sich bemühten, ihn vom russischen Bündniß abzuziehen und für das seit 1788 von Preußen und England angebahnte Föderativsystem zu gewinnen, erst da nahmen der Kaiser selbst und seine Minister etwas ernsthafter die Miene an, als wollten sie die Verfassung vom 3. Mai und die sächsische Thronfolge unterstützen; Martens Berichte aus Wien vom 6. und 18. Juli, VI, 577. Aber auch jetzt noch nahm der sächsische Gesandte solche Mittheilungen nur mit Mißtrauen auf: mais il s'agira de voir, si l'extrême facilité, qu'a témoignée l'Empereur, sera soutenue par les effets; Martens Bericht vom 20. Juli, VI, 578, wo statt Juni Juli zu lesen ist. — Gleich darauf aber gelang es Leopold in der That, durch die wiener Convention vom 25. Juli

das englisch=preußische Föderativsystem in seinen wesent=
lichsten Grundzügen zu vernichten und Preußen mit in das
russische Lager hinüberzuziehen. Und durch die von Leopold
ausbedungene Aufnahme Rußlands in die neue östreichisch=
preußische Allianz wurde nun sofort die russische Reaction
vorgezeichnet, welche, wie schon damals in Berlin Schulen=
burg und Ewart voraussahen, unausbleiblich eine zweite
Theilung Polens nach sich ziehen mußte. Debolis Ansicht
von dem Verhalten Oestreichs zu Rußland bestätigte sich
in Allem als die vollkommen richtige. Nach seinen Beob=
achtungen nämlich: l'Empereur de son côté, voulant
conserver l'amitié de la Russie, s'étoit amolli sur
les représentations à faire et les avoit rendues
tellement conditionnelles relativement aux sentimens
de Cathérine II, que celle-ci, sans craindre de
rebuter la Cour de Vienne, restoit la maîtresse
d'accepter ou de refuser la proposition peut-être
trop ménagée, qu'on venoit de lui faire; VI, 579,
Völkersahms Bericht vom 4. Oct. 1791.

Dem entsprechend berichtete dann Schönfeld, Wien,
8. Nov.: J'ai entrevu au reste dans le pourparler
du Cte de Cobenzl, que l'Empereur étoit encore
incertain en lui-même, si dans les circonstances
présentes, il devoit conseiller à notre Auguste
Maître, de faire des démarches provisoires pour
l'acceptation de la Couronne de Pologne, attendu
qu'il y avoit lieu de supposer, qu'aussi longtems que

la Russie ne se montre pas plus portée à les
faciliter egalement de son côté, elles ne pourroient
peut-être pas avoir tout le succès, qu'on en devoit
espérer; VI, 580.

Am 9. December ſchreibt der Graf Loß an Schönfeld,
vor einigen Tagen ſei der Fürſt Adam Czartoryski in
Dresden angelangt, um mit den ſächſiſchen Commiſſairen
über die zweifelhaften Puncte der polniſchen Conſtitution
in Unterhandlung zu treten, immer aber ließen noch die
Polen benachbarten Mächte auf die Kundgebung ihrer
endlichen Entſchließungen in Bezug auf die Angelegenheiten
dieſes Königreichs warten: nous devrions cependant être
informés, il y a longtems, de la nature des com-
munications, dans lesquelles l'Empereur est entré
à ce sujet avec la Cour de Pétersbourg, si Mr. de
Rottenbourg (öſtreichiſcher Bevollmächtigter in Dresden)
avoit été autorisé à m'en faire part, ainsi que
Mr. le Comte de Cobenzl Vous l'avoit annoncé
expressément. Après une promesse aussi positive,
le silence absolu, que Mr. de Rottenbourg a gardé
à cet égard, a réellement de quoi surprendre, etc.
Und um die Mitte des Decembers wußte der Vicekanzler
Graf Cobenzl Schönfeld nur damit zu vertröſten, daß er
in Folge des Ablebens des Fürſten Potemkin croyoit
avoir *une faible lucur d'espérance*, que peut être
Cathérine II. pourroit adopter des sentimens plus
favorables pour le nouvel ordre des choses en

Pologne; VI, 581, Bericht vom 17. December. —
Unterm 26. December 1791 endlich meldet Graf Loß
dem Grafen Schönfeld weiter: Jusqu'à présent les
ouvertures de Mr. de Landriani (außerordentlicher
Beauftragter des wiener Hofs) sur les affaires de
Pologne se sont bornées à ce qui s'est passé en
dernier lieu entre le Comte de Woyna et le Prince
de Kaunitz, sans rien articuler de précis *des
principes, que S. M. l'Empereur pourroit avoir
adoptés à ce sujet et surtout par rapport à la
nouvelle constitution de la République.*

In eben diesem Moment aber wußte man in Wien
schon recht wohl, wie wenig es mit dem die Verfassung
und Unabhängigkeit Polens betreffenden Separatartikel der
Convention vom 25. Juli, der hernach auch einen
integrirenden Theil des Vertrags vom 7. Februar 1792
bildete, ernstlich gemeint sei. L'on en infère, qu'il
pourroit bien arriver, que les Cours de Vienne et
de Berlin ne donnassent point de suite au projet
d'article séparé de la dite convention, d'autant plus,
qu'on croit avoir recueilli de nouvelles preuves, que
l'une et l'autre n'entendent pas soutenir l'ouvrage
du 3. Mai, et que plutôt elles lui sont contraires,
surtout par ce qui regarde la succession héréditaire
au trône; Schönfelds Bericht vom 23. Dec., VI, 581.
Vgl. oben Beilage V. Und so wurde denn in der That,
wie ich S. 65 angeführt habe, dieser Artikel durch den

russisch-preußischen Tractat vom 7. August, welcher nach
Smitt mit dem russisch-östreichischen Tractat vom 14. Juli
1792 fast wörtlich übereinstimmte, förmlich aufgehoben.

---

Nach all diesen Auseinandersetzungen wird es wohl dabei
bleiben müssen, daß die zweite Theilung Polens vornehmlich
dadurch herbeigeführt wurde, daß Kaiser Leopold sich hart-
näckig weigerte, dem englisch-preußischen Föderativsystem
beizutreten und daß er im Gegentheil mit Erfolg sich
bemühte, auch Preußen in das Reactionssystem der beiden
Kaiserhöfe hinüberzuziehen. — Das ist der Kern meiner
ganzen Untersuchung. — Mochten auch Leopold die Consequenzen seines Festhaltens an der russischen Freundschaft
theilweise recht unbequem sein, mochte er selbst vielleicht
nicht umsichtig genug gewesen sein, um zur rechten Zeit und
auf die rechte Weise diesen Consequenzen entgegenzuarbeiten,
darauf kommt wenig an, sondern nur das ist zu ermiren
von entscheidender Wichtigkeit, daß eben aus seiner Handlungsweise die Folgen sich ergeben mußten, die sich wirklich
ergeben haben und die als unausbleibliche von einsichtigen
Staatsmännern bereits in dem Moment vorausgesehen
wurden, als soeben Kaunitz und Bischoffswerder die
Convention vom 25. Juli unterzeichnet hatten. — Der
prüfende Leser wird mir nach all den Wiederholungen,
deren ich mich nicht habe entschlagen dürfen, hoffentlich
zugestehen, daß der Herrmann in den Noten ganz derselbe

ist, wie der Herrmann im Text. — Sybel hat sich die
Mühe der Polemik gegen mich gar zu leicht gemacht,
wenn er in seinem akademischen Vortrag vom 16. Dec.
1860 aus meinen eigenen Noten mich widerlegen zu können
vermeinte. Ich habe es daher nicht unterlassen dürfen,
sein im Uebrigen so verdienstvolles Werk über die
Revolutionszeit in einzelnen wichtigen Stellen einer sorg=
fältigeren Gegenkritik zu unterziehen.

Schließlich habe ich noch einen Punct zu berühren.
Statt eigene neue Documente beizubringen, zieht Sybel es
vor nur ganz im Allgemeinen auf einige andere Autoritäten
sich zu stützen. Da sein ganzer akademischer Vortrag
lediglich gegen die von mir aufgestellten Ansichten gerichtet
ist, so werden die von ihm S. 666 genannten Gewährs=
männer, die ihn in seiner Ansicht befestigt oder diese ver=
vollständigt haben, wohl mit in dem Sinne angeführt sein,
daß sie gegen mich zeugen sollen. Es sind das namentlich
von Smitt, Häußer und Blum. Was nun den ersten dieser
drei betrifft, einen excessiv russenfreundlichen Deutschen,
so beneide ich Sybel um die Bundesgenossenschaft dieses
Herrn nicht. Ich werde die Forschungsmethode desselben,
wo nicht früher, so doch in meinem nächsten Bande näher
zu beleuchten Gelegenheit haben. Im Uebrigen habe ich
in seinem Buch über Suworow und Polens Untergang
nicht allzuviel gefunden, was ich zu berücksichtigen hatte. —
Häußer wird jeder Deutscher für sein patriotisches Werk
sich zum wärmsten Dank verpflichtet fühlen, nur wird er

selbst schwerlich in Bezug auf die Partieen, in welchen er
die polnischen Angelegenheiten behandelt, den Anspruch
erheben, daß ihnen das Gewicht einer erschöpfenden
Specialuntersuchung beigelegt werden soll. Und was endlich
Blum betrifft, so haben dessen Denkwürdigkeiten über
den Grafen Sievers mit der polnischen Geschichte bis
zum Jahre 1792 es noch so wenig zu thun, daß ich
nur aus diesem Grunde bisher keine ausdrückliche Veranlassung hatte, dieses die allgemeinste Anerkennung
findende Werk auch meinerseits rühmend zu erwähnen.